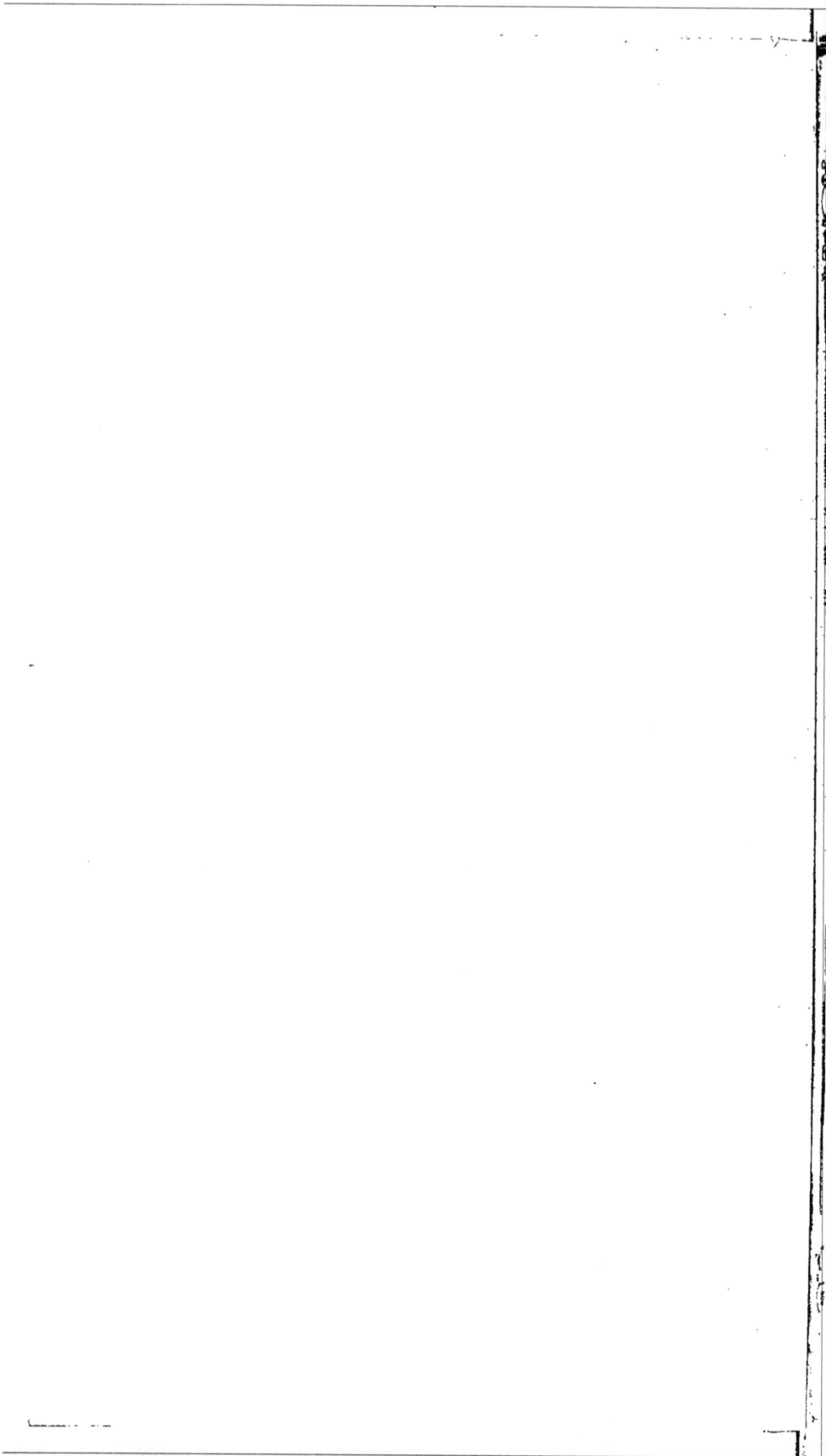

ESQUISSES

D'UN

VOYAGE SUR LES DEUX OCÉANS

ET A

L'INTÉRIEUR DE L'AMÉRIQUE

ET D'UNE

GUERRE CIVILE

au nord de la basse Californie

PAR

L'ABBÉ HENRY.-J.-A. ALRIC

Ex-missionnaire apostolique. — Ancien aumônier militaire,
Chevalier de la Légion d'honneur.

PARIS

ÉDOUARD VERT, IMPRIMEUR-LIBRAIRE
29, rue Notre-Dame-de-Nazareth, 29

1869

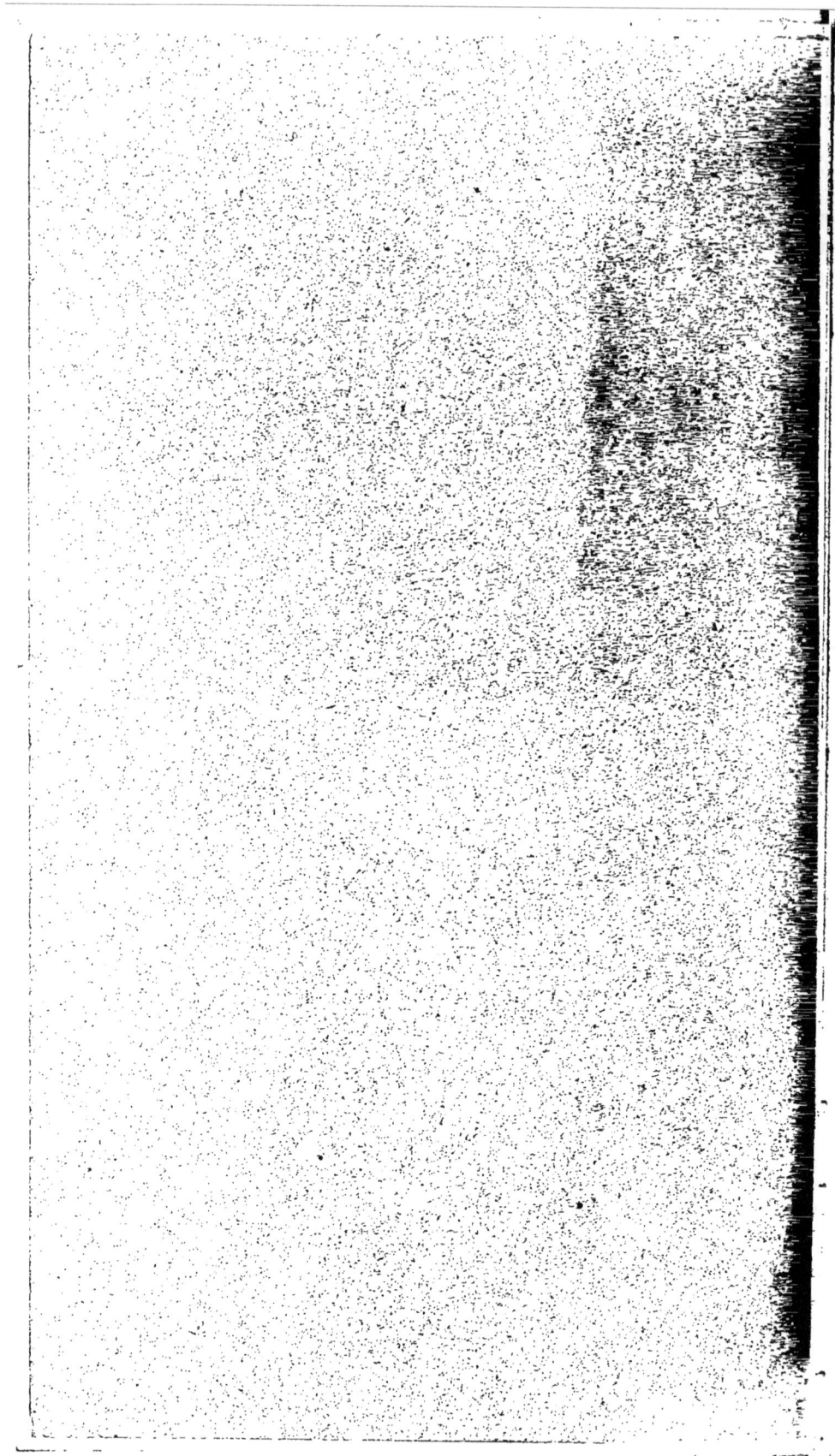

ESQUISSES

D'UN

VOYAGE SUR LES DEUX OCÉANS

ET A

L'INTÉRIEUR DE L'AMÉRIQUE

ET D'UNE

GUERRE CIVILE

Au bord de la basse Californie.

C

ESQUISSES

D'UN

VOYAGE SUR LES DEUX OCÉANS

ET A

L'INTÉRIEUR DE L'AMÉRIQUE

ET D'UNE

GUERRE CIVILE

au nord de la basse Californie

PAR

L'ABBÉ HENRY.-J.-A. ALRIC

Ex-missionnaire apostolique. — Ancien aumônier militaire,
Chevalier de la Légion d'honneur.

———

PARIS

ÉDOUARD VERT, IMPRIMEUR-LIBRAIRE
29, rue Notre-Dame-de-Nazareth, 29

—

1869

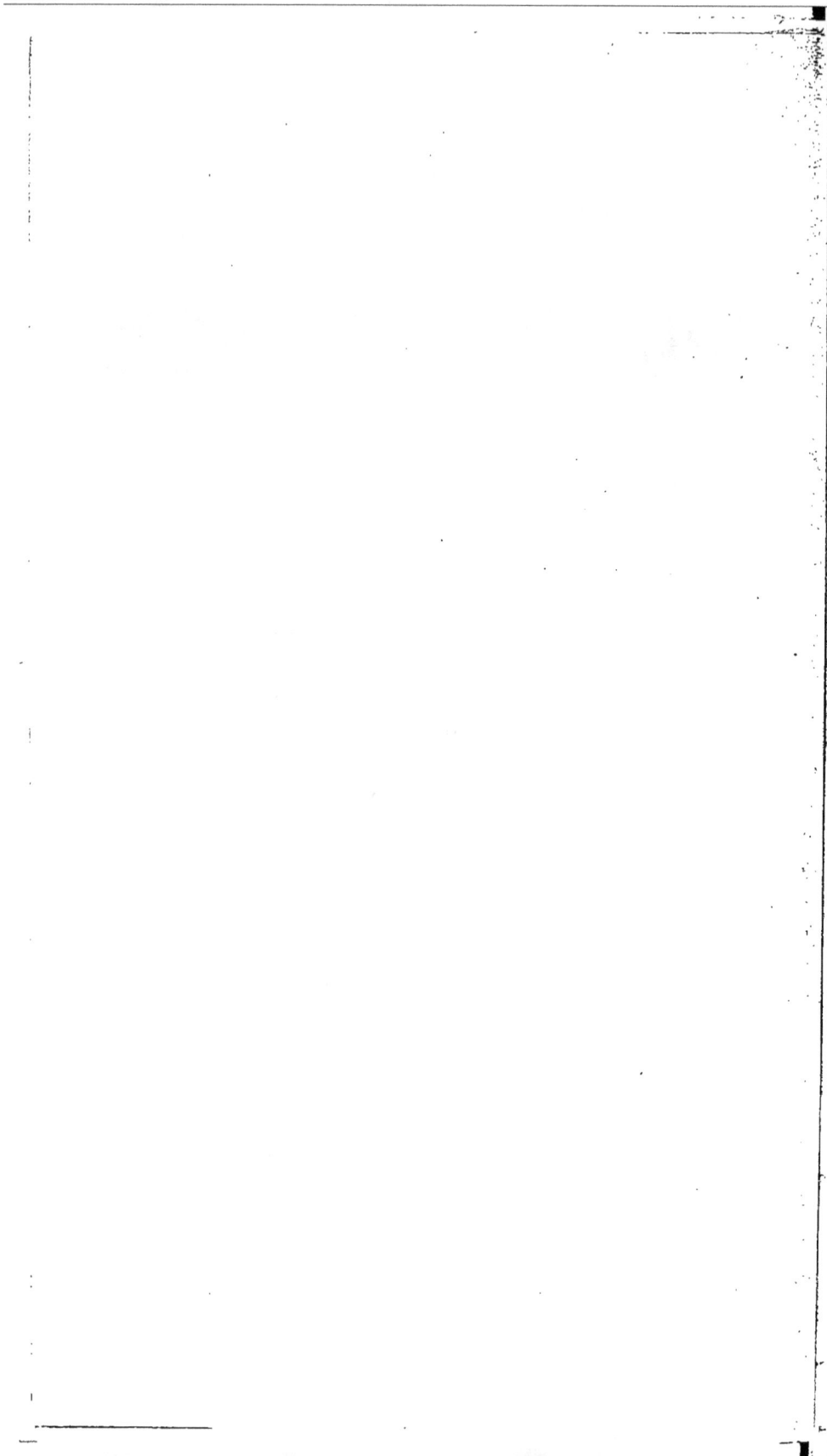

AVANT-PROPOS

Ce n'est pas un livre que j'ai voulu faire, ni une publication en règle, ni même une brochure qui mérite ce nom.

Quelques proches, quelques amis me pressaient depuis longtemps de leur donner une relation des principales péripéties de mes longs voyages et de mon existence en Amérique ; voulant satisfaire leurs désirs, je me suis mis à l'œuvre avec l'intention de réduire à quelques pages seulement, afin d'éviter les frais d'impression, ce qui m'avait paru le plus remarquable dans mes pérégrinations et qui m'était personnellement arrivé depuis mon départ de France, omettant à dessein des faits de quelque importance et des incidents qui n'eussent pas manqué d'exciter de l'intérêt ; restreignant à quelques lignes des épisodes qui auraient pu fournir matière à un volume entier ; aussi trouvera-t-on dans les quelques anecdotes que je raconte la plus grande simplicité, l'absence totale de prétention d'aucune sorte, et jusqu'au laisser-aller le plus familier.

Je n'ai fait que classer par ordre de dates des notes prises dans le temps, sur les lieux mêmes. J'ai laissé de côté les faits sur lesquels je n'avais rien décrit ; ils ne présentaient déjà plus à mon souvenir qu'une image incertaine et à demi effacée : pour me les rappeler avec l'exactitude nécessaire, il eût fallu y mettre de la réflexion, de la patience et du temps, puis donner à l'ensemble une extension et un développement que je m'étais bien promis de n'accorder en aucun cas à cet essai.

D'ailleurs on ne s'intéresse guère, en général, aux événements qui ont eu lieu, il y a dix ou quinze ans, dans tel ou tel coin reculé d'une province éloignée, ni aux périls et aux dangers d'un pauvre missionnaire isolé, perdu dans les déserts et parmi des populations dont la plupart est entièrement sauvage, et le reste n'a pour ainsi dire conservé qu'à l'état de tradition les principes du christianisme et les éléments de civilisation qu'importèrent jadis parmi elles des hommes animés d'une véritable charité chrétienne et d'un dévouement sans bornes.

Ce n'est donc ici que l'histoire d'un voyage de mer, suivi d'événements racontés à la hâte et sans aucune préparation, destinée à être lue sous le manteau de la cheminée, uniquement par quelques amis.

Je passe rapidement sur mon itinéraire du Havre à San-Francisco. Si, pour celui qui avait déjà fait la traversée, notre voyage sur les deux Océans n'offrit rien de bien saillant, il en était bien autrement pour ceux qui quittaient leurs foyers pour la première fois.

Tout semble nouveau à celui qui n'est habitué qu'à l'horizon du pays natal ; l'immensité des mers, le miroitement constant du firmament sur la nappe des eaux, la blancheur éblouissante de l'écume des vagues, les volcans éteints que l'on aperçoit couverts de neiges au cœur même de l'été et qui, sous une intensité de lumière dont rien ne saurait donner une idée, brillent comme ces pics de diamant dont parlent les contes orientaux ; le spectacle si étrange des jours sans nuit, tout en un mot frappe vivement l'imagination et laisse pour longtemps imprimé dans l'esprit le souvenir de tant de choses étonnantes.

Pour ceux qui connaissaient déjà la Californie, soit pour y avoir été, soit pour avoir suivi avec attention le prodigieux mouvement qui s'y est opéré en peu d'années, ce que j'en dis n'aura sans doute pas l'attrait de la nouveauté, mais du moins aura-t-il le mérite de rappeler à leur mémoire quelques-unes des émotions qu'ils auront éprouvées. Depuis 1849, que de changements dans ce pays auparavant relégué au nombre des provinces incultes et presque désertes de ce qui fut la nouvelle Espagne ! Que de mouvement et de bruit où tout n'était naguère que vastes solitudes !

A part l'incalculable richesse aurifère de la production, moindre sans doute mais très-considérable encore des autres métaux, la Californie serait encore un des pays les plus riches du globe. Il n'en est pas au monde un autre plus pittoresque et plus fertile, qui soit appelé par la Providence elle-même à plus de prospérité et de splendeur que la Californie. Sous un gouvernement régulier et civilisateur, tel que celui des États-Unis d'Amérique, cette contrée deviendra, tout le présage, le noyau d'un grand et florissant empire. Magnifiquement situé entre l'Asie et l'Europe, la réalisation de ses destinées, dans un avenir peut-être peu éloigné, dépassera toute prévision humaine.

Mais quelles tristes et déchirantes réflexions éveillait en moi le spectacle des excès et des crimes dont je fus à chaque moment témoin pendant les cinq ans que j'y résidai !

Rien peut-être ne saisit plus douloureusement l'âme que le contraste d'une nature radieuse et opulente avec le meurtre, l'incendie et les désordres de toute nature qu'y causait alors l'avidité insatiable de l'or et des jouissances.

Quand je quittai la vaste et populeuse cure de *Sonora*, pour regagner la France, j'avais hâte de me soustraire aux scènes de désolations et de débordements qui avaient lieu chaque jour dans ce pays ; mais j'étais bien loin de supposer qu'en me rendant en basse Californie, je courrais à d'autres drames non moins déplorables ; je veux parler des faits vraiment scandaleux qui se produisirent bientôt après mon arrivée à la frontière. D'abord simple spectateur de ces ridicules et cruelles querelles de village à village, je ne tardai pas à en être personnellement victime à mon tour.

En rapportant les divers épisodes qui ont dépeuplé et mis le district de la frontière à feu et à sang, je me suis peut-être plus étendu que ne le comportait le reste du récit ; mais j'ai tant souffert moralement et matériellement que j'ai été entraîné pour ainsi dire malgré moi à en donner quelques détails.

On trouvera peut-être que les crimes que je raconte dans ce récit sont tellement révoltants qu'ils sont à peine croyables ; cependant je dois déclarer ici que je raconte l'histoire pure et simple dans sa stricte vérité, sans commentaire aucun ; je ne veux accorder aucune part à l'imagination ni même avancer quelques détails qui pourraient être douteux. En un mot, il n'est pas un des faits que je raconte dans cette narration qui ne soit certain et que je ne puisse, au besoin, prouver par des documents authentiques.

1.

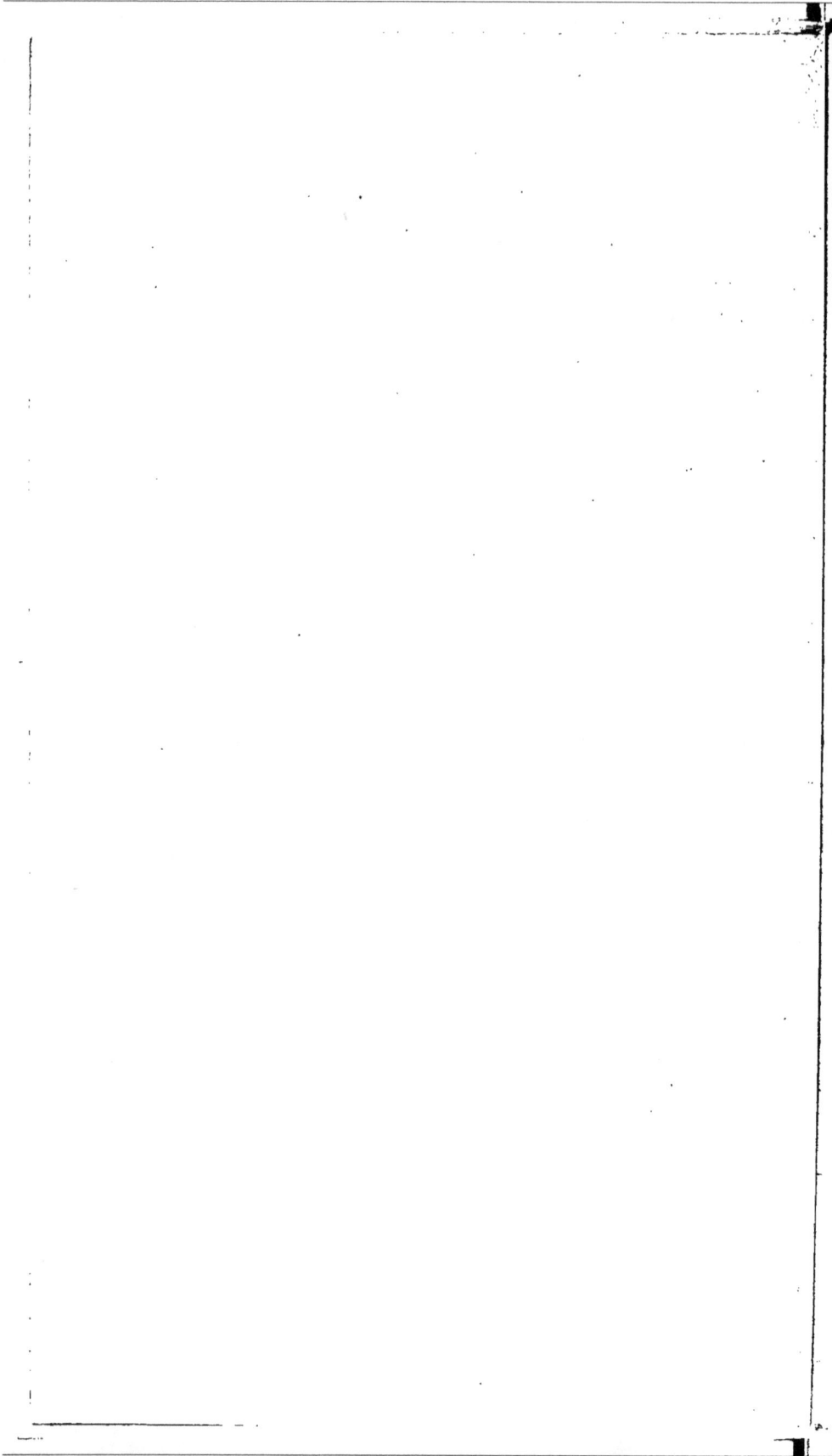

ESQUISSES

D'UN

VOYAGE SUR LES DEUX OCÉANS

ET A L'INTÉRIEUR DE L'AMÉRIQUE

DÉPART DU HAVRE POUR LA CALIFORNIE

Cédant à un désir de voyager, aussi irrésistible qu'indéfinissable et obéissant surtout à celui de travailler au salut des âmes, je résolus, en 1850, de visiter le Nouveau-Monde. Les merveilles que l'on publiait sur la haute Californie appelaient partout l'attention. Des compagnies d'émigrants s'organisaient dans les principales villes de l'Europe; partout la fièvre californienne s'emparait des masses. Entraîné comme tant d'autres par les pompeux récits des beautés du climat de ce pays nouveau, je crus devoir accepter les offres d'une compagnie californienne la *Ruche d'or*, et m'embarquai, comme aumônier, dans la matinée du 9 septembre. A peu près deux cents émigrants, appartenant à trois soi-disant compagnies, telles que la *Bretonne*, la *Californienne* et ladite *Ruche d'or*, prirent place à bord du même navire à voiles marchand, et, après une messe célébrée à l'église principale pour nous mettre sous la protection de la reine des cieux, nous quittâmes le Havre en criant au revoir à la France.

Une traversée de peu de jours nous conduisit en vue des îles de Madère, Canaries, de Fer, de Palma et de Ténériffe. Le pic de cette dernière, que l'on voit à quarante lieues en mer, vomit de temps en temps des flammes à son sommet, qui est à trois mille huit cent-dix-huit mètres au-dessus du niveau de la mer, et est toujours couvert de neiges autour de son large cratère, e qui fait qu'il brille, comme un énorme diamant, sur la nappe des eaux qui reflètent l'azur d'un ciel presque sans nuages.

Sur le point de manquer d'eau, nous jetions l'ancre, le 18 du même mois, devant *Santa-Cruz*, pour renouveler notre provision. Après une quarantaine inutile, car il n'y avait aucun malade à bord, il nous fut permis de descendre à terre et de visiter la ville, qui est la plus importante des Canaries et la plus au sud de l'île de Ténériffe, et sert de résidence à un gouverneur espagnol.

Quoique chaud, le climat y est sain et agréable; les fruits et les produits coloniaux de toute espèce sont excellents et y croissent en abondance, surtout dans les quelques plaines que l'on y rencontre. Les ananas, les bananes et les oranges, sont incomparablement les meilleurs que l'on puisse manger. La cochenille, qui est un insecte que le figuier de barbarie produit, y est d'un grand rapport. Le vin que l'on y récolte est comparable au Madère de bonne qualité, sous le nom duquel on le vend généralement dans le commerce. C'est avec raison que les anciens, nos maîtres en tout, et surtout en matière d'observations, avaient donné à tout le groupe le nom d'îles Fortunées. Malheureusement la misère, où est réduite la majeure partie de la population insulaire, forme un contraste avec la gaieté du site et du climat, de telle sorte que le voyageur qui y débarque est désagréablement frappé au premier abord de se voir entouré d'une foule de malheureux presque entièrement nus, rebutés et souvent frappés par les trop nombreux fashionables qui, eux, ne feraient pas un pas dans les rues autrement que montés sur de superbes chevaux qu'ils tirent de l'île de *Lancerote*, non loin de la capitale des Canaries.

J'appris à terre qu'une autre cause, à la fois origine et résultat de cette indigence générale, est l'émigration, pour l'île de Cuba, des jeunes sujets des deux sexes chez la classe pauvre : c'est une espèce de traite de blancs, qui diminue sensiblement chaque année le nombre de bras utiles pour l'agriculture, unique richesse du pays.

Je fus invité à célébrer, à la principale église de Santa-Cruz, une grande messe; tous les passagers, le consul de

France et près de cinq mille habitants y assistèrent.
Profitant du sentiment de pitié qu'excitait la vue du dénû-
ment d'un grand nombre des indigènes, je proposai au
capitaine du navire de faire une quête pour leur venir en
aïde; il s'en chargea et recueillit un millier de francs, qui
leur furent immédiatement distribués par l'intermédiaire
de leur vénérable pasteur, âgé de plus de quatre-vingt-
six ans.

Après cette cérémonie religieuse, un banquet nous
réunit tous à l'hôtel de Londres où tout se passa admirablement bien. Un toast fut porté par le consul au prési-
dent de la République française, puis un second à la mère -
patrie, par les bons officiers d'une frégate qui y avait
relâché et qui voulurent bien se réunir à nous pour la
messe d'abord et ensuite pour le banquet.

La *Liamone*, c'était le nom de cette frégate, qui se
rendait à Saint-Louis du Sénégal, reprit sa route en
même temps que nous, le 23, et nous remorqua cinq
lieues en mer pour nous aider à prendre le vent, que nous
ne tardâmes pas à trouver favorable; aussi, peu de jours
suffirent-ils pour nous faire arriver jusqu'à l'équateur,
c'est-à-dire en droite ligne sous le soleil.

PASSAGE DE LA LIGNE.

Il est d'usage, parmi les matelots de la marine mar-
chande, de fêter à leur façon la ligne équatoriale toutes

les fois qu'ils la passent avec des passagers qui n'ont pas encore reçu le baptême équatorial.

Arrivé le moment du passage, qu'ils ont grand soin de ne faire connaître d'avance à qui que ce soit, ils visitent toutes les chambres et cabines des voyageurs et aspergent d'un plein seau d'eau ceux qu'ils trouvent couchés, à l'exception cependant des malades et de ceux qui l'ont déjà passé ; font monter sur le pont ceux qu'ils appellent catéchumènes et les y enferment. Lorsque tout le monde est pour ainsi dire leur prisonnier, le plus ancien des matelots se fait proclamer père la Ligne par ses camarades, puis il prend des habits en rapport avec son nouveau nom et grimpe au sommet du grand mât ; ensuite les autres, déguisés en diables à queue de cheval et à cornes de bélier, vont s'asseoir à la pointe des vergues à l'instar des singes et, à un signal donné par le père la Ligne, imitent tant bien que mal le grondement du tonnerre et la clarté des éclairs, envoient de toute leur force un déluge de pois et de sel, pour représenter la grêle, en même temps que deux d'entre eux font jouer des pompes à incendie pour imiter l'eau du ciel. Lorsque tout le monde est ainsi suffisamment arrosé, la trompette se fait entendre, un tableau de l'arc-en-ciel est déployé, et, aussitôt le beau temps reparaissant, tout se termine par une quête en faveur des auteurs et un bon déjeuner capable de guérir de toutes les tracasseries de la matinée.

BAPTÊME DE LA LIGNE

Ce qui s'est passé jusqu'à onze heures n'est autre chose qu'une préparation au grand baptême; aussi, environ deux heures après le déjeuner, tous les passagers, hormis les exceptés susdits, reçoivent ordre d'évacuer la dunette, et aussitôt l'équipage prépare une tente au milieu, y place une cuve aux trois quarts pleine d'eau, y adosse trois fauteuils, dont celui du milieu suspendu par des cordes passées sur des poulies. Cela fait; des gendarmes improvisés, qui ne sont autres que les diabletons du matin, vont prendre un à un les passagers qui doivent être baptisés, les font asseoir sur le fauteuil suspendu entre un parrain et une marraine qui leur font faire beaucoup de belles promesses, leur donnent un baiser au besoin, et au même instant il sont hissés comme une botte de foin, puis redescendus dans la cuve où il sont plongés jusqu'au nez s'ils résistent; mais seulement jusqu'aux épaules s'ils ne sont pas par trop récalcitrants. Au sortir de ce bain forcé, mais incapable de leur faire du mal, parce que la mer est toujours chaude en cet endroit, on leur offre un verre de bon vin et on les conduit en un endroit où ils ne puissent pas informer ceux qui attendent de ce qui s'est passé. Et quand tous les passagers et les passagères, car il n'y a pas d'exception, sont ainsi baptisés, tout se termine par le champagne et un bal masqué.

Les jours se suivent mais ne se ressemblent pas

En effet, le lendemain, au lieu des réjouissances de la veille, on ne voyait plus que tristesse peinte sur tous les visages et murmures sur toutes les lèvres; malheureusement ce n'était pas sans de graves motifs, car on venait de s'apercevoir que nous étions partis en manquant totalement l'objet de notre relâche, c'est-à-dire sans renouveler notre approvisionnement d'eau. Nos pipes avaient été oubliées, toutes remplies, sur le quai de Santa-Cruz.

On en plaisanta d'abord ; mais plus tard on eut sujet de regretter bien amèrement la négligence et l'incurie du capitaine et de l'équipage, auxquels l'excellent vin de Ténériffe avait fait oublier une chose aussi nécessaire et dont le manque presque absolu allait nous rendre si pénible la traversée que nous avions encore à faire. En effet, les accablantes chaleurs du tropique amenèrent bientôt une soif insatiable chez des hommes inexpérimentés et peu habitués aux privations, incapables, en un mot, d'endurer un tourment pour eux inaccoutumé.

Réduits d'abord à un demi-litre d'eau par personne, il fallut encore diminuer de moitié, puis des trois quarts, cette ration déjà insuffisante, et enfin descendre à un huitième de litre.

Semblable état de choses dura un peu plus d'un mois ; aussi le mécontentement se traduisit-il en murmures, et, l'insubordination s'en mêlant, vingt fois la révolte fut sur le point d'éclater à bord. Le capitaine, aussi impuissant à contenir son monde dans le devoir qu'il avait été imprévoyant, offrit solennellement de relâcher au premier port. Tous les jours il renouvelait sa prommesse; mais nous n'apercevions ni la terre ni aucun des signes qui l'annoncent de loin en mer, et ce ne fut que le 30 octobre que nous atteignîmes la baie de Rio-Janeiro.

Dire notre joie et l'empressement que nous mîmes à sauter à terre pour satisfaire enfin à notre aise un besoin étroitement contenu depuis tant de temps, serait s'exposer à être taxé d'exagération par ceux qui ne se sont jamais trouvés dans la situation que nous venions de traverser, et qui n'ont pas éprouvé eux-mêmes le supplice de Tantale, auquel nous échappions enfin.

Cependant les puissantes réclamations des passagers auprès de l'autorité française à Rio-Janeiro forcèrent le capitaine à embarquer une chaudière à distiller de l'eau salée ; il dut également faire des réparations et des changements importants dans l'emménagement de son navire ; le tout coûta de 35 à 40,000 francs.

Notre relâche dura un peu plus d'un mois, dont nous profitâmes pour prendre à terre un peu de repos, dont nous avions grand besoin.

Onze passagers de notre bord se firent débarquer, les uns pour se fixer au Brésil, d'autres pour regagner la patrie par la première occasion.

Le port de Rio-Janeiro est aujourd'hui connu de tout le monde, grâce au grand nombre de voyageurs qui livrent leurs impressions de voyage à la publicité. Je me contenterai donc de dire qu'on y retrouve l'activité, la vie et le mouvement commercial qui règnent dans les ports les plus fréquentés du globe. La ville, avec une population d'environ deux cent mille habitants, est remarquablement belle ; elle possède de magnifiques établissements et monuments, parmi lesquels il faut classer le *Carioca* ou fontaine publique, et la richesse y respire partout. Les quais seuls laissent à désirer sous le rapport de la propreté ; les débris des animaux et les détritus végétaux, constamment en décomposition sur le rivage, exhalent une odeur nauséabonde fort malsaine, fétidité qui pourrait bien contribuer pour beaucoup aux ravages que la fièvre jaune y exerce périodiquement dans la population européenne et à la propagation des moustiques qui y font une guerre atroce, surtout aux nouveaux débarqués.

Parfaitement bien reçus par la colonie française, nous pûmes reléguer pour un moment nos souffrances passées au rang de ces pénibles songes dont, au réveil, il ne reste plus qu'un vague souvenir. Personnellement je dus, en quelque sorte, me faire violence pour m'arracher aux sollicitations qu'on me prodigua pour m'engager à accepter la cure française ; bénéfice qui aurait pu me convenir s'il se fût trouvé vacant lors de mon passage ; mais il avait un titulaire, M. l'abbé Bertin, et il n'entre pas dans mes principes ni dans mes idées de supplanter personne, et un compatriote moins que qui que ce soit.

L'empire du Brésil renferme environ 8 millions d'habitants entre blancs, mulâtres, nègres et Indiens insoumis vivant dans les bois. Le climat en est généralement malsain ; mais le règne végétal y est d'une grande richesse. Le sol est couvert en grande partie de vastes forêts, dont la plupart vierges, qui renferment des arbres d'une élévation prodigieuse. Une foule d'animaux sauvages y sont répandus, et les marécages ainsi que les bords des rivières fourmillent de crocodiles et autres reptiles très-dangereux. Une des principales richesses du pays consiste dans ses productions minières ; la quantité d'or qu'on en exporte annuellement est considérable ; le diamant même s'y rencontre en certains endroits.

Cependant le 4 décembre l'*Anne-Louise* appareilla, et nous dûmes quitter les plages hospitalières du Brésil. Nous reprîmes la mer par un temps couvert ; mais le vent était régulier et favorable. La navigation des dix premiers jours fut des plus heureuses, mais le onzième le vent, le courant du golfe de la Plata, le roulis et le tangage allant leur train, nous firent passer une journée épouvantable et nous enlevèrent tout notre approvisionnement de volaille et de moutons ; heureusement que le lendemain nous pûmes reprendre notre route à notre grand contentement.

Le 20, nous étions en face des îles Malouines, qui se trouvent entre la Patagonie et la Terre de Feu, séparées entre elles par le détroit de Magellan, et enfin le 25 nous étions presque à la hauteur du cap Horn. Nous voulûmes célébrer la fête de Noël par une messe solennelle, chantée par plus de vingt bons musiciens, que je dis sur la dunette, convertie en chapelle improvisée. Tout le bord y assista avec le recueillement que comportait la solennité du jour, à laquelle l'immensité de l'Océan ajoutait encore une idée de grandeur bien faite pour frapper l'imagination.

Le 27 janvier, toujours favorisés par le temps, nous doublâmes le cap Horn, tant redouté, par le soixante-septième degré de latitude sud, pour y assister au spectacle si extraordinaire des jours sans nuit En effet, le soleil ne quittait guère l'horizon que trois heures sur 24, et la lumière qu'il laissait en disparaissant ne faisait jamais place aux ténèbres de la nuit. Elle ne s'assombrissait que très-légèrement ; de sorte que quand nous comptions la voir se changer en crépuscule à l'Occident, c'étaient les grandes lueurs qui précèdent les premiers rayons du soleil qui s'offraient à nos yeux à l'Orient, tout près du point où il s'était couché.

A peine avions nous quitté l'océan Atlantique pour gagner le Pacifique par presque l'extrème Sud, en laissant la Terre de Feu à près de trois cents lieues à notre droite, qu'un beau matin nous nous trouvâmes cernés de droite et de gauche par une infinité de tout ce que la mer renferme de gros poissons, parmi lesquels figuraient des requins qui se tenaient tout près de l'embarcation, bien disposés à dévorer l'infortuné qui aurait été jeté ou qui serait tombé à l'eau; cette escorte, qui dura un peu plus d'un jour, fut remplacée par des oiseaux aussi cruels et aussi dangereux que nos ennemis de la veille; on ne voyait autour de nous que pingouins, pélicans et albatros dont bon nombre venaient s'abattre sur le pont avec tant de précipitation qu'ils s'assommaient sous leur poids. Un seul, plus heureux que les autres, parvint à s'y poser sans s'étourdir et allait emporter une jeune fille si les voisins n'étaient accourus à son secours.

La chair de ces oiseaux est assez désagréable au goût; mais les pattes sont utilisées pour faire des blagues à tabac, et la peau avec la plume est très-recherchée pour faire des costumes de bals masqués.

Après avoir passé le cap Horn sans éprouver aucune

des tourmentes qui règnent habituellement dans ces parages, nous jetions l'ancre, le 7 février, dans la rade de Valparaiso.

De la haute mer, la ville offre un beau coup-d'œil avec ses maisons blanches ou bariolées de couleurs, et terminées en terrasses à la façon mauresque. Quelques-unes sont étagées çà et là sur la pente de la chaîne de montagnes qui longent la ville par derrière, en lui formant un immense parapet naturel.

Valparaiso, située entre la mer et le dernier contre-fort de la cordillère des Andes, n'occupe qu'un étroit espace; sa population ne dépasse pas 40.000 âmes. Elle doit son importance à sa position géographique bien plus qu'à la sécurité de son mouillage : c'est un port de relâche et une échelle entre le commerce de Manille, de la Chine et celui de l'Europe. A l'époque où nous y passâmes, l'immence affluence d'émigrants pour la Californie lui donnait un peu d'animation; mais cette activité factice n'a pas eu de durée. Du reste, Valparaiso n'est pas l'unique port que possède le Chili.

Le Chilien est, en général, actif et intelligent : il aime le Français et cherche à l'imiter. Nous n'eûmes qu'à nous louer de tous ceux avec qui nous eûmes des rapports pendant notre court séjour en cette ville ; on peut en avoir une idée par le récit du fait suivant.

Le lendemain de notre arrivée en rade nous nous associâmes une douzaine d'amis pour aller faire un repas champêtre; nous nous procurâmes les choses nécessaires et fûmes le préparer à deux kilomètres de la ville; là nous manquions de tout excepté d'eau. Des habitants, de quelques maisons de campagne qui se trouvaient voisines de là, s'en apercevant, vinrent poliment nous offrir leur demeure, et comme nous ne voulûmes pas accepter ils se retirèrent en nous disant au revoir; dix minutes après ils revinrent beaucoup plus nombreux et bon gré mal gré il nous fallut les suivre; des domestiques emportèrent tout ce que nous avions, et au moyen de beaucoup de poulets et autres viandes qu'ils y ajoutèrent, ils nous préparèrent un délicieux repas que nous prîmes en commun; nous étions en tout environ trente; tout se passa de la manière la plus sympathique; ils nous retinrent à coucher et le lendemain ils nous accompagnèrent jusqu'au quai, où nous nous quittâmes, après nous être étroitement embrassés, probablement pour ne plus nous revoir.

Le 11 février nous mîmes à la voile pour continuer notre voyage. Il se produisit ce jour-là un de ces petits incidents bizarres dont les longs voyages sur mer offrent presque toujours des exemples. La vie du bord amène souvent quelques aigreurs dans les rapports de passagers à capitaine; d'où des taquineries, d'où des plaintes, des rancunes et des murmures qui finissent par amener quelque querelle ridicule ou quelque vengeance mesquine.

Neuf passagers, précisément de ceux là mêmes qui, à Rio, avaient porté plainte contre le capitaine, s'attardèrent en ville, le matin du jour du départ, persuadés sans doute que le temps que le navire mettrait à appareiller et à lever l'ancre leur suffirait pour franchir la distance qui séparait le quai de l'endroit où l'*Anne-Louise* était mouillée. Huit heures du matin leur avait été signalé pour le moment du départ; mais le capitaine fut tellement ponctuel à la consigne qu'il avait donnée, que, quand huit heures sonnèrent, l'ancre était levée et les voiles déployées.

Vainement les hommes restés à terre jusqu'au dernier moment se jetèrent-ils dans une embarcation, croyant gagner le navire à force de rames, dans la persuasion que le capitaine mettrait en panne pour les attendre aussitôt qu'il les apercevrait; le vent de terre nous poussait rapidement au large, et ils redoublèrent inutilement d'efforts; il leur fût impossible de nous rejoindre, et le capitaine put se réjouir de la vengeance qu'il leur avait infligée, de gaieté de cœur, en leur faisant perdre leur passage.

Mais il avait compté sans l'autorité française à Valparaiso. Notre consul, informé de ce qui s'était passé, prit place, pour nos compagnons de voyage à bord, d'un trois-mâts américain en partance pour San-Francisco, et cela pour le compte du capitaine de l'*Anne-Louise*; de sorte que bien leur en prit de la petite vengeance qu'on avait voulu exercer contre eux. D'abord ils se reposèrent un mois en ville en attendant le départ du navire qui devait les emmener, puis ils furent mieux traités qu'ils ne l'auraient été à notre bord, et, enfin, ils arrivèrent sans encombre à la destination commune, un mois avant nous.

A bord de l'*Anne-Louise*, tout allait de plus en plus mal; le vent nous semblait favorable; nous n'avancions pas moins de trois lieues à l'heure, mais nous n'arrivions pas. Nous savions que le capitaine n'avait jamais navigué dans les mers où nous nous trouvions; de temps à autre, quand il en était d'humeur, il nous faisait espérer que sous peu nous arriverions à San-Francisco; mais nous n'apercevions pas la côte. Lorsque nous eûmes à notre gauche les îles Marquises, il les prit pour les îles Sandwich, et quelques jours plus tard il prit ces dernières pour les côtes de Californie, d'où nous étions encore à plus de onze cents lieues; il était donc indubitable que nous avions fait fausse route.

Cependant, dire que le capitaine se fût trompé dans ses calculs n'est pas chose admissible; car il était bon marin quoique sans de grandes expériences. D'où pouvait donc provenir cette erreur ou plutôt ce détour de plus de onze cents lieues de trop? Quelques-uns l'attribuaient au dé-

rangement du chronomètre, et d'autre à la beauté rare
d'une jeune passagère, dont les chefs avaient su gagner
les bonnes grâces, et peut-être qu'ils n'auraient pas été
fâchés de ne pas arriver de sitôt ; heureusement que les
vivres commençaient à manquer, sans quoi il eût pu se
faire que nous y fussions encore.

Après quelques jours de calme plat, nous fûmes as-
saillis par une tempête terrible, qui faillit nous faire som-
brer. Durant trois jours entiers, nous courûmes le plus
grand danger ; à chaque moment le gouffre béant semblait prêt à nous engloutir ; et, pour comble de malheur,
les passagers de chambre ne pouvant, par suite du mauvais temps, ouvrir le magasin aux vivres, nous nous
vîmes privés de notre nourriture habituelle et réduits à
deux pommes de terre par jour et un verre d'eau ; heureusement le calme revint après trois jours révolus ; tout
rentra dans l'ordre, et, le 8 avril, nous pûmes aller de
l'avant.

Un des passagers ne put résister aux privations que
nous eûmes à souffrir, il succomba le lendemain. Il était
à craindre que cette mort ne fût suivie de beaucoup
d'autres ; il y avait déjà plusieurs malades à bord, et le
maître d'équipage mourut la veille de notre arrivée. Heureusement nous approchions.

Le 26 avril nous jetions l'ancre dans la magnifique et
grandiose baie de San-Francisco. Notre premier soin, en

débarquant, fut de donner une sépulture chrétienne au contre-maître, puis nous nous séparâmes les uns des autres, la plupart pour ne plus se revoir.

Pour tous, il était temps d'arriver : sept mois et demi d'une navigation pleine de privations et de souffrances étaient une bien rude épreuve, même pour les organisations les plus fortes et les tempéraments les plus robustes.

HAUTE CALIFORNIE

Il n'entre pas dans ma tâche de faire une description minutieuse du port et de la cité californienne, les journaux et les nouvellistes en **ont** assez entretenu l'attention publique.

Lorsque nous arrivâmes, San-Francisco était le port le plus commerçant du nouveau Monde; plus de cinq cents navires de tout port et de tout rang étaient stationnés dans la baie; les quais étaient couverts de colis de toute sorte et de toute provenance; les magasins ne suffisaient pas pour recevoir les marchandises des nombreux arrivages journaliers; les rues et les places publiques en étaient encombrées. Les encanteurs ne réalisaient pas assez vite ce qu'on leur donnait à vendre, et les nombreuses expéditions pour les villes et les camps de l'intérieur n'arrivaient pas à diminuer sensiblement les masses énormes d'objets de commerce qu'attirait de tous les points du monde la renommée de l'abondance de l'or californien.

La ville s'élevait rapidement ; les uniques matériaux de construction étaient alors le bois et la toile ; tout se faisait avec la plus grande rapidité ; dans une semaine une grande maison était construite, meublée et habitable. Plus tard on a fait venir de Chine des pierres toutes taillées et on a fabriqué des briques dont on a construit des maisons grandioses et solides.

Malheureusement tout disparaissait avec plus de rapidité encore ; à chaque instant les cris : *Au feu !* venaient jeter l'épouvante dans la population, et le fléau détruisait en un instant maisons, docks, magasins et édifices publics ; en un mot, tout ce qu'il trouvait à sa portée.

Quand le vent aidait l'incendie, les ravages étaient terribles : inutile d'essayer de l'arrêter ; c'était un sauve-qui-peut général. Toutes ces ruches de planches résineuses et sèches pétillaient en brûlant et fournissaient des gerbes de flammes qui s'élevaient en l'air comme d'énormes serpents qui allaient bientôt lécher les maisons voisines. Celles-ci prenaient feu, et le sinistre se propageait de proche en proche, balayant tout sur son passage.

Le premier incendie dont je fus témoin eut lieu dans la nuit du 3 au 4 mai 1851, cinq jours après notre arrivée. Il ne laissa debout que quelques maisons éloignées du centre. Tout San-Francisco et toutes les marchandises dont j'ai parlé furent brûlées ; plus de cinquante personnes y trouvèrent la mort. Au bout d'une semaine la ville fut reconstruite, et l'on aurait vainement cherché les traces du fléau qui naguère l'avait réduite en cendres.

DÉPART DE SAN-FRANCISCO POUR LES PLACERS DU SUD

Mais, étant allé en Californie comme aumônier d'une compagnie qui s'était dissoute en arrivant, je me trouvai libéré des engagements que j'avais pris en partant. Je me présentai à Mgr Alémany, évêque de San-Francisco, pour lui demander une occupation dans le ministère, et, après avoir pris connaissance du certificat qui suit (1)

---

(1) ÉVÊCHÉ DE VERDUN

Nous, évêque de Verdun, certifions à qui de droit que M. l'abbé Henry-Jean-Antoine Alric, prêtre du diocèse de Rodez, a rempli pendant trois ans les fonctions de curé desservant dans la succursale de Deux-Nouds-devant-Bauzée, dans notre diocèse ; que sa conduite y a toujours été irréprochable et sa vie exemplaire ; qu'il en est sorti spontanément pour aller fixer son séjour à Paris, et que, depuis son départ, il n'est parvenu à notre connaissance rien qui puisse altérer la bonne opinion que nous avions conçue de sa piété et de sa vertu.

Verdun, le 10 août 1850.

Signé : LOUIS, évêque de Verdun.

(Suit le sceau de l'évêché.)

et d'autres, il me nomma à la cure ou mission de *Sonora-City*, située entre les deux grandes rivières *Stanislas* et *Tu lumne*; cette dernière donne son nom au département dont Sonora est la capitale.

Cinquante mille individus, venus de tous les points du globe, disséminés sur une étendue d'environ trente lieues de l'*est* à l'*ouest*, et quarante du *nord* au *sud*, formaient la population du département confié à ma charge.

Les placers et les mines donnaient alors des résultats très-avantageux dans cette contrée.

M. l'abbé Langlois, vicaire général du diocèse, daigna se charger lui-même de venir m'installer ; nous partîmes ensemble, et, après avoir remonté le *San Juaquin* jusqu'à Stockton, nous prîmes la diligence, qui nous conduisit jusqu'à *Sonora-City*, où nous arrivâmes le 27 du mois de mai.

Nous n'y trouvâmes qu'un groupe de cabanes, construites les unes de planches venues des Etats-Unis, les autres de branches d'arbres, et enfin les autres de toiles, renfermant une population d'environ six mille individus également venus de tous les points, mais surtout de la province de la Sonora, d'où elle tire son nom, parce que les premiers qui y découvrirent de l'or étaient Sonoréens.

Il va sans dire qu'il n'y avait ni église ni chapelle, aucun prêtre n'y était allé avant moi. Il nous fallut d'abord faire une quête pour acheter une toile dont nous improvisâmes une chapelle provisoire. Nous y célébrâmes la messe le 29, jour de l'Ascension : il y assista une foule nombreuse venue des camps voisins. Après l'office, M. Langlois dressa l'acte de ma prise de possession, et je fus ainsi définitivement installé.

Le 2 juin, nous nous transportâmes ensemble à pied au camp de *Melones*, qui était à plus de cinq lieues de là, où quelques mines étaient en plein rapport.

Ce camp a été nommé *Melones* à cause de plusieurs mamelons qui se trouvent sur le sommet de la haute montagne qui le domine du côté sud. C'est au sommet de cette même montagne que des mineurs venaient de trouver, dans un ancien lit de rivière que des révolutions terrestres avaient laissé à sec et qui se trouve aujourd'hui à plus de trente mètres au-dessous du niveau de la terre, et à plus de deux mille au-dessus du lit actuel du *Stanislas*, un quartz contenant 43 kilogrammes d'or pur, et sa renommée y avait attiré une grande affluence de mineurs, dont bon nombre durent s'en retourner sans avoir rien trouvé. Ceux-là mêmes qui trouvèrent ce gros bloc ne furent guère plus avancés que ceux qui ne trouvèrent rien ; car ils dépensèrent plus qu'ils n'avaient trouvé à faire des fouilles dispendieuses qui ne donnèrent aucun bon résultat. Mais tel était alors, en général, le sort réservé aux trois quarts des chercheurs d'or. Nous y fîmes un mariage et deux baptêmes à l'ombre d'un énorme chêne vert, et le tout fut suivi d'une messe que les fidèles entendirent avec beaucoup de recueillement.

Le cinquième jour après, M. le vicaire général reprit la route de San-Francisco, où l'appelaient les occupations de sa charge.

LES EXÉCUTIONS POPULAIRES SONT A LA MODE.

Ici commence pour moi une de ces phases pénibles dans l'exercice du ministère, que le devoir seul peut faire accepter, mais dont rien ne saurait effacer le souvenir. Tant d'émotions profondément douloureuses laissent dans l'âme une empreinte que rien ne saurait jamais effacer. Je veux parler de ces exécutions populaires qui ont été si fréquentes en Californie et dont pour ma part j'ai été appelé à être si souvent témoin.

Les autorités locales, impuissantes à prévenir les crimes, l'étaient également presque toujours à poursuivre les criminels et à atteindre les vrais coupables. Elles fermaient les yeux sur les excès de la multitude qui se faisait justice elle-même, surtout quand il s'agissait des Mexicains, sur les moindres indices et sur des soupçons souvent dénués de fondement.

La première fois que je dus assister à un de ces terribles spectacles fut le lendemain du départ de M. le

2.

vicaire-général, c'est-à-dire le 8 juin, aux placers du
camp du Dragon, où je fus appelé pour donner les secours de la religion à deux jeunes Mexicains que des
mineurs yankees avaient condamnés entre eux, sans autre
forme de procès, comme suspects d'un assassinat qui
avait été commis dans leur tente et dont les coupables
n'avaient pu être découverts. A peine ces deux malheureux, probablement innocents, avaient-ils achevé leur
confession, qu'ils furent placés chacun debout sur une
mule, avec la corde au cou, de sorte que, l'appui leur
manquant ensuite, ils restèrent suspendus aux branches
d'un gros chêne qui avait été choisi pour l'exécution.

Le même jour, plusieurs Américains déchargèrent leurs
armes, dans une maison de jeu, sur sept Mexicains auxquels ils imputaient, à tort ou à raison, d'avoir fraudé
aux cartes. On m'appela ensuite pour leur apporter les
dernières consolations de la religion. J'en trouvai trois
déjà morts ; les quatre autres succombèrent dans la
nuit. Le lendemain une tombe commune reçut leurs
dépouilles.

Ces scènes se renouvelaient à chaque moment. En
effet, le surlendeman, on vint me chercher dudit camp de
Melones pour deux autres Mexicains que d'autres mineurs
allaient pendre, étant accusés d'un vol de poudre d'or
dans une mine ou *claim*. Pour m'y rendre, j'avais le
Stanislas à passer en bateau ; on me fit attendre et j'arri-

vai trop tard; je ne trouvai plus que deux cadavres pendus au bout d'un fil de fer, sur un précipice de plus de vingt mètres de profondeur.

Tout le reste de l'année et les deux années suivantes furent également fécondes en exécutions du même genre, sans que pour cela le nombre des crimes diminuât sen-siblement.

Le jeu le plus effréné était alors permis en Californie; une soif fiévreuse de l'or avait poussé au mépris de tous les principes conservateurs des sociétés et semb'ait devoir amener prochainement la ruine de celle où nous vivions.

Rarement huit jours se passaient sans qu'il y eut des morts. Tantôt pour reprendre le perdu; tantôt dans des disputes; mais très-souvent le suicide était le résultat du désespoir de celui qui avait perdu.

Pendant l'hiver de la deuxième année de mon installa-tion, les pluies et les neiges tombèrent avec tant d'abon-dance que les vivres montèrent à des prix exorbitants. Un œuf valait 5 francs, une livre de pain 10 francs, une livre de viande d'ours valait 4 fr. 50, une poule 50 francs, et tout le reste était à des prix analogues.

Les privations que dut s'imposer la grande masse de la population, le manque absolu du strict nécessaire chez un grand nombre, amenèrent des maladies. Le typhus surtout fit d'affreux ravages. Pour visiter les malades, je dus souvent faire vingt et trente lieues sans m'arrêter;

je marchais jour et nuit presque sans prendre de repos ni de repas, et, malgré tout, je ne suffisais pas à ma tâche. Bientôt la fatigue m'accabla et je tombai moi-même malade de la même maladie. Pendant deux mois la fièvre typhoïde me tint aux portes du tombeau. Enfin le danger s'éloigna et j'entrai en convalescence : elle fut longue et pénible à cause des chaleurs étouffantes de la saison. Le voisinage d'une maison de jeu, où il se faisait nuit et jour un tapage et un bruit épouvantables, m'empêchait de prendre le moindre repos ; pour pouvoir dormir, j'étais obligé de me faire porter à l'ombre d'un arbre qui était tout près de ma demeure.

J'étais encore très-faible quand je fus appelé une nuit à visiter deux malades : l'un était Français et l'autre Mexicain ; ils ne me parurent pas en danger ; je les quittai vers onze heures du soir en offrant de revenir les voir le lendemain matin. Je fus fidèle à ma promesse ; mais je ne trouvai ni tente, ni malades, ni cadavres, et il me fut assuré que ceux qui les logeaient, s'étant assurés que les deux malades avaient leur ceinturon bien garni de poudre d'or, les avaient assassinés après mon départ. La police, informée de ce qui s'était passé, se mit à leur poursuite ; mais elle ne trouva que les deux cadavres enterrés dans un ravin.

Voilà en quel état on vivait alors en Californie.

A partir de ce moment, je résolus de faire bâtir à mes

frais une maison pour mon habitation, assez spacieuse
pour pouvoir en même temps y recevoir mes compatriotes
malades, et leur donner gratuitement, au moins aux
pauvres, les soins que réclamerait leur état. Je ne sais si
j'ai sauvé la vie à quelqu'un ; mais je puis dire que j'en
ai reçu beaucoup et qu'un seul a payé quelque chose.
Trois ou quatre mois après l'assassinat des deux malades
dont je viens de parler un nommé Corralez parcourait,
une nuit, les rues de la ville en faisant du vacarme. Le
chef de police voulut le ramener à l'ordre. Corralez fit feu
sur lui et le blessa mortellement ; mais, avant de mourir,
le *policeman* tira son revolver, qui n'atteignit pas l'agres-
seur. Cette double détonation réveilla les voisins, ce qui
engagea Corralez à s'enfuir à toutes jambes, sans s'in-
quiéter de son chapeau qu'il avait laissé tomber dans la
lutte. Or, c'était un chapeau de paille dit panama, l'unique
peut-être qu'il y eut alors dans les environs, et qui appartenait à Joaquin Bernal, auquel l'assassin l'avait em-
prunté la veille.

Les soupçons se portèrent naturellement sur le malheureux propriétaire du funeste chapeau. On l'arrêta et
on le conduisit directement sur le lieu du meurtre, pour
e pendre sur l'heure. Déjà il avait la corde au cou,
quand, attiré par le tumulte, je me présentai et obtins la
permission de lui parler ; je le connaissais particulièremen t
et l'avais marié l'avant-veille. Il me mit en peu de mot s

au fait de ce qui s'était passé ; j'en fis part à ceux qui semblaient présider à l'exécution ; ils convinrent que tout pouvait être vrai, mais qu'ils n'y ajoutaient que médiocrement foi, disant que, néanmoins, pour m'être agréables, ils allaient suspendre l'exécution jusqu'à cinq heures du soir, pour donner le temps de chercher le coupable. On le découvrit bientôt et on le pendit, et, pour cette fois du moins, je pus sauver un innocent.

Dans la même année, 1853, j'entrepris la construction d'une église et d'un cimetière, et, grâce à la générosité des habitants, sans en excepter les juifs ni les protestants, l'année suivante on y mit la dernière main.

A la fin de cette même année, la ville de *Sonora* fut la proie des flammes. L'année suivante vit se renouveler le même sinistre. Presque en même temps *Columbia, James-Town, Chinesecamp*, et plusieurs autres villes naissantes, éprouvèrent le même sort.

Plusieurs personnes, surprises dans leur lit par les flammes, y périrent, et d'autres, parmi lesquelles M. et Mme Planet, directeurs du théâtre, ne purent se sauver qu'en se jetant précipitamment par les fenêtres, sans avoir eu le temps de prendre le moindre habit. Cet incendie fut si rapide que personne ne sauva la moindre chose.

Le lendemain de cet incendie, beaucoup de propriétaires s'occupèrent au lavage des terres de leur sol, et parmi eux il s'en trouva qui réussirent si bien qu'ils purent se rebâtir en brique et regarnir leurs magasins de marchandises ; mais il y en eut aussi qui restèrent complétement ruinés.

En 1855, quatre Américains furent trouvés assassinés chez eux, dans un district voisin de Sonora; on en accusa es Mexicains des environs ; on en pendit quatorze à la fois aux branches d'un chêne, dans la cour même de la maison où le crime avait été commis. Dans la même journée, vingt autres furent pendus ou brûlés vifs aux environs; puis on publia un ordre pour forcer ceux qui n'avaient pas un établissement d au moins mille piastres (5,000 fr.) à quitter le pays.

L'émigration en masse qui eut lieu alors, rendant ma présence à peu près inutile dans les placers, je résolus de me retirer et de gagner San-Francisco, pour m'y embarquer pour la France.

Monseigneur Alémany, qui venait d'être nommé archevêque, à qui je fis part de ma résolution, me témoigna le désir de me voir passer au moins quelque temps dans la basse Californie, dont il était chargé par *intérim*, et je me rendis volontiers à son désir. Je n'aurais d'ailleurs su rien refuser à un homme qui m'avait toujours porté le plus grand intérêt et que j'estimais au plus haut degré.

.La haute Californie n'était d'abord qu'un vaste pays, très-fertile, mais sans autres habitants que quelques malheureux sauvages vivant dans de vastes forêts, au milieu des lions, des ours et des tigres ; mais la découverte de l'or, par Sulter, en 1849, y a amené des bras qui ont ouvert des routes à travers ces forêts, ont fait des barrages sur toutes les nombreuses grandes rivières, qu'ils ont été chercher à de grandes distances et aux points assez élevés, pour conduire leurs eaux : soit par des canaux, soit par des siphons, jusque sur les terres les plus élevées ; terres qu'ils ont lavées d'abord pour en tirer l'or et qu'ils ont livrées à la culture ; aussi y voit-on aujourd'hui de beaux jardins des arbres fruitiers, des vignes, des prés et des champs, de telle sorte que cette grande contrée rivalise maintenant avec les nations les plus avancées et les mieux cultivées.

Le 16 février 1856, me rendant, comme je viens de dire, aux désirs de Mgr l archevêque, je m'embarquai, à bord de l'*Oiseau-des-Mers*, pour *San-Diégo*, où je fus cordialement reçu par D. *Juan Bandini*, qui me donna l'hospitalité tout le temps que je demeurai en cette ville ruinée qui se trouve à près de trois cents lieues de celle que je venais de quitter.

Le 25, le chef d'une escorte, que le colonel *Onate* avait amenée en se retirant de la frontière, s'offrit de me servir de guide, et mit un cheval à ma disposition ; j'acceptai ses offres, et nous partîmes pour Santo-Tomas , où j'allais fixer ma résidence, qui se trouve au *sud-est* et à cinquante lieues de San-Diégo.

Nous passâmes la première nuit, qui fut très-froide, à la belle étoile, dans une plaine nue, appelée *Rancho de la Nation*, où le cheval qui m'avait été prêté fut volé, très-probablement par le domestique de mon guide, peu de temps après notre arrivée, ce qui m'obligea à faire le lendemain trois lieues à pied pour gagner la ferme de la *Punta*, où demeurait un nommé D. Santiago Arguëllo, qui me reçut on ne peut mieux.

A partir de là, je n'eus plus besoin de m'occuper ni de guide, ni de monture. Chaque fermier sur mon passage (ils se trouvent de sept à dix lieues loin de l'autre) me donnait gratuitement tout. Je mis pied à terre à la *Tijuana*, au *Rosarito*, au *Descauso*, à *San-Miguel*, à l'*Encenada*, et enfin à la *Grulla*, où je dus m'arrêter un instant avant d'arriver à ma destination.

BASSE CALIFORNIE

Rappelons d'abord que l'on attribue l'origine de son nom aux deux mots latins *callida* et *fornax*, que lui appliqua Hernan Cortez en y abordant, frappé de la chaleur excessive qu'il y trouva; d'où le nom de *California* qu'elle prit et qu'elle a toujours conservé. D'autres historiens prétendent que l'origine de ce mot est due à *Cala*, mot espagnol, de *ensenada*, détroit, et de *fornax*, four, parce qu'en y abordant, Hernan Cortez et ses compagnons trouvèrent au cap *San-Lucas* un petit passage envahi par la mer, sous un grand rocher, et qui formait une voûte naturelle, d'où ils auraient nommé le lieu *Cala* et *fornax* (*Cal y fornia*), nom qui passa ensuite à toute la Péninsule.

Le nom d'*Ancienne* Californie, qu'on lui donne ordinairement, lui vient de ce qu'elle fut découverte long temps avant sa voisine, qui reçut le nom de *Nouvelle*, puis de haute Californie.

La basse Californie est entre les 24e et 34e degrés de latitude nord. Dans sa plus grande longueur, du cap San-Lucas à sa limite actuelle, à cinq lieues de *San-Diégo*, son étendue dépasse trois cents lieues, et sa largeur entre l'océan Pacifique et le golfe de Cortez varie de vingt-cinq à quatre-vingt-dix lieues.

PRISE DE POSSESSION DE LA MISSION DE SANTO-TOMAS ET RELATION DES PRINCIPAUX ÉVÉNEMENTS QUI S'Y SONT PASSÉS DEPUIS LE 1er MARS 1856 JUSQU'A LA FIN DE L'ANNÉE 1860.

Le 1er mars 1856, j'arrivai à *Santo-Tomas*, sous-préfecture située au nord de la basse Californie, en qualité de missionnaire apostolique envoyé par Monseigneur l'archevêque de San-Francisco, qui était prié par celui de la Péninsule d'y envoyer un prêtre pour administrer les secours de la religion aux pauvres habitants des douze missions du Nord, qui, depuis longues années, étaient privés de pasteur.

Les principaux habitants de *Santo-Tomas*, tels que le sous-préfet, l'alcade, les officiers de la garnison, etc., vinrent m'attendre à un tiers du chemin de la Grulla, et les flatteuses promesses qu'ils me prodiguèrent en arrivant n'eurent jamais d'accomplissement.

J'appris que l'église était occupée par l'artillerie, et la maison du missionnaire par la troupe ; on me conduisit donc chez un voisin appelé *D. Juan Mendoza*, qui, plus tard, s'est rendu célèbre par de nombreux forfaits.

Le bourg de cette localité était alors occupé par environ deux cents soldats, y compris leurs femmes et autant d'habitants civils. Il y avait des magasins, des cafés et des cantines, ainsi que des maisons de jeu où la jeunesse allait perdre son argent, et souvent sa santé. Il n'y avait que vingt-deux maisons toutes mal bâties : les unes couvertes de jonc plat, les autres de broussailles, et celles-ci recouvertes d'une forte couche de terre pour les garantir des chaleurs. Elles n'avaient qu'un rez-de-chaussée sans parquet ni plafond. Les portes, les vitres et les volets se faisaient remarquer par leur absence ; mais ils étaient remplacés par des peaux d'animaux ou par des claies faites avec de jeunes branches d'arbre. L'intérieur de ces habitations n'était guère plus riche que leur extérieur, et ni l'un ni l'autre n'étaient en rien en harmonie avec le luxe de ceux qui les habitaient, ni avec d'autres dépenses qu'ils faisaient journellement. M'étant informé avec quoi ils pouvaient y faire face, i me fut répondu que le bétail fournissait assez et au delà.

Pendant les deux premiers dimanches, je dus célébrer la messe sur la place publique ; tous les militaires et les habitants y assistèrent, et ce fut seulement pour le troisième qu'on mit l'église à ma disposition. La maison ne me fut jamais remise ; d'ailleurs elle était dans un état de ruine complet et par conséquent inhabitable.

Le colonel *D. Jose Onate* venait d'être remplacé dans la sous-préfecture et le commandement militaire par *D. Francisco de Paule Ferrer;* mais, avant son départ, il avait souvent écrit à l'évêque pour le prier de lui envoyer un prêtre, et, pour le maintenir il avait fait faire une souscription qui, si elle avait été payée, aurait suffi à son entretien.

Quelques jours après mon arrivée, Mendoza fut chargé, par ledit Ferrer, d'en faire le recouvrement, et quand il l'eut achevé, au lieu d'en verser le produit, il réclama cinq piastres, disant que les frais qu'il avait été obligé de faire pour se rendre à domicile n'étaient pas couverts par les recettes.

Le mois suivant, cette souscription n'ayant laissé que

sept piastres, frais payés, je priai le sous-préfet d'en faire cesser le recouvrement, car mon intention était de me retirer sous peu de la frontière ; mais ayant été appelé à la mission du Rosario pour mon ministère, je me convainquis, en passant par les populations intermédiaires, qu'avec de la persévérance et la grâce de Dieu, je pourrais y faire du bien. Je consultai mes supérieurs ecclésiastiques pour leur exposer ma position, et leur demander l'autorisation de créer une ferme sur une terre inoccupée, qui me paraissait propice pour élever des animaux, et, en ayant obtenu une réponse affirmative, j'achetai du bétail de toute espèce que je confiai à un homme de bien ; puis je fis la demande d'une terre, que le conseil municipal m'accorda. Je la fis clore, défoncer et ensemencer. Le maïs, les pommes de terre, les haricots, etc., à force de travail et de soin, produisirent au delà de toute espérance. Mais au moment où j'allais en faire la récolte, les soldats, par ordre du chef, s'emparèrent violemment de tout. Plusieurs fois je m'adressai à celui-ci pour le prier d'empêcher cet enlèvement, et il me répondait en bon français : *Que voulez-vousque j'y fasse? il faut bien que mes soldats mangent, ventre affamé n'a pas d'oreilles.* . L'ordre ou la permission de ce chef fut si bien suivi, qu'en quelques jours tout fut enlevé par cette troupe indisciplinée, tirée, pour la plupart, des galères de la *Laguno Chapala.*

Je ne fus pas le seul dont ce commandant causa la ruine : tout le monde s'accordait à dire qu'il faisait le mal pour l'unique plaisir de le faire ; aussi fut-il heureux d'être parti de grand matin quand, le 27 septembre de la même année, le colonel Castro arriva pour le remplacer, car, deux heures après son départ, les fermiers, dans l'ignorance de la venue de son successeur, arrivèrent de toute part pour l'arrêter, et, probablement, le pendre.

Ferrer ayant été remplacé par un homme du pays, le colonel Castro, avantageusement connu, je crus qu'à l'avenir je ne serais plus victime des procédés de l'autorité, comme je venais de l'être. Dans cette persuasion et désirant faire du bien aux habitants, tant par l'instruction religieuse que par l'exemple du travail, je me dédiai de nouveau à la culture de la terre, sans pour cela négliger mes devoirs de pasteur, et le résultat fut merveilleux.

Le blé et le maïs rendirent neuf cents pour un : pour se rendre compte de ce rendement incroyable, il faut savoir que cette terre excellente était neuve, et que je l'améliorai en y brûlant beaucoup de broussailles que j'y avais arrachées ; que le blé que j'avais fait semer un à un dans le sillon était aussi clair que des haricots, de sorte qu'il y eut des pieds qui donnèrent jusqu'à trente épis ; que le maïs vint tellement vigoureux, qu'il poussait plusieurs rejetons à chaque pied, mais que réduits à

deux ou trois, suivant la force du pied principal, le ré
sultat fut celui dont je viens de parler. Je semai dix-
huit kilogrammes, et j'en récoltai douze mille : soit
900 pour 1.

Pour bien tirer parti de mes grains et donner à mes
imitateurs en agriculture le moyen de les utiliser de leur
côté, je fis construire par un Français un moulin à farine
qui me coûta très-cher, parce que, les matériaux ne se
trouvant pas sur les lieux et les habitants étant inhabiles
dans ces sortes de travaux, il me fallût tout faire venir
de l'étranger.

Mais à peine l'avais-je terminé, en 1857, que le colonel Castro, manquant de tout, comme son prédécesseur,
m'obligea à lui fournir des vivres pour satroupe, il en
prit pour 2,000 piastres, soit 10,000 francs, qu'il n'a
jamais payées.

Cet emprunt forcé en nature me mit dans la gêne et
me découragea. Je sortis du territoire, bien résolu à ne
plus y revenir, si ce n'était pour réaliser ce qui m'appartenait. En conséquence, ayant quitté la frontière de la
basse Californie, j'acceptai la place d'aumônier militaire
au fort *Juma*, dans les Etats-Unis d'Amérique, où je demeurai pendant huit mois. De là j'écrivis à quelques
amis pour leur communiquer ma résolution d'abandon-
ner la basse Californie ; ils m'en détournèrent et m'offrirent de l'argent pour continuer mes entreprises.

Les habitants de la frontière, informés de mon prochain retour, m'envoyèrent une députation pour me ramener, et ma rentrée fut pour eux un jour de fête. Je profitai de cette circonstance pour leur dire quatre mots, ils
me promirent de mieux se comporter à l'avenir.

De retour au chef-lieu, je ne tardai pas à entreprendre
une visite générale; mon excursion dura depuis la fin
d'août jusqu'en novembre, et elle fut couronnée des
meilleurs résultats; aussi, Monseigneur l'Évêque, en
ayant été informé, m'écrivit-il la lettre qui suit : (1)

---

(1)   *M. l'abbé Henry Alric,*

Port de la Paz, le 7 mars 1859.

Mon très-cher frère,

Sous la date du 1er janvier dernier, je vous écrivis en réponse à votre lettre du 12 novembre; mais j'ai lieu de craindre que ma lettre ne se soit égarée. parce que la personne à qui
je l'avais recommandée à Mulegé, pour vous la faire passer,
m'a donné avis qu'elle ne l'avait pas reçue. C'est pourquoi
j'ai jugé à propos de répéter ce que je vous disais alors. Je
veux parler du plaisir et du grand contentement qui ont
rempli mon cœur à la nouvelle de votre retour aux villages
de la frontière; plaisir que je sentis s'augmenter encore lorsque
que j'appris l'enthousiasme religieux qu'a fait éclater chez
tous les fidèles la présence de leur pasteur bien-aimé, pour
lequel ils ont e respect, l'affection et la vénération qui lui
son dues; ce dont ils font preuve en se rendant avec doci-
lité à vos exhortations; les uns en sanctifiant par le sacre-

L'excellent accueil que je reçus partout, l'empressement que mirent les malheureux habitants à profiter de
ma présence pour réclamer des sacrements, surpassè-
ent de beaucoup mes espérances. Le souvenir des fruits
que produisit ma visite est encore aujourd'hui pour moi
une douce récompense de mes fatigues et de mes peines.

J'instruisis, disposai et baptisai des familles entières
dont pour l'ordinaire je bénis l'union des deux chefs. Or,
pour obtenir ces résultats, je dus nécessairement voyager
et travailler de jour et de nuit ; dormir dans les déserts,
souffrir souvent la faim, la soif et toutes les privations
inhérentes à la vie du désert, et tout cela sans rétribu-
tion aucune. Bien des fois au contraire je donnais des
vivres pendant que je préparais quelqu'un à des sacre-

---

ment de mariage d'anciennes unions illégitimes, les autres
en ayant recours à celui de la pénitence.

Recevez nos félicitations, mon cher monsieur le curé.
Grâces soient rendues au Père de toute miséricorde, au Dieu
de toute consolation, pour avoir daigné accorder, par votre
intermédiaire, tant de bienfaits à ces pauvres brebis.

Dieu N. S., dans sa miséricorde infinie, vous réserve une
récompense plus belle et plus grande que tout ce que l'œil a
pu voir ou l'oreille entendre (*St. Paul*).

Saluez, de ma part, M. Espinoza, notre majordome, à qui,
en même temps qu'à vous, envoie sa bénédiction épiscopale
votre prélat, qui vous a en grande estime et affection.

> Signé : Francisco, évêque de Anostasiopolis, vicaire
> capitulaire de la basse Californie.

3

ments. Très-souvent je dus traverser des contrées arides, abruptes et sauvages; m'exposer en un mot à tous les dangers dans un pays presque inhabité et sujet aux excursions fréquentes des Indiens barbares.

Ainsi, dans un site isolé appelé *Jacome*, je faillis tomber entre les mains d'un parti de barbares et être leur victime. Ils s'étaient cachés dans un petit bois voisin et avaient posté deux des leurs sur le sentier que je suivais. Ceux-ci saisirent tout à coup la bride de mon cheval et firent tous leurs efforts pour me renverser et me dépouiller ensuite à leur aise et probablement me donner la mort.

Ils ne purent me désarçonner; mais je ne pus me débarrasser d'eux qu'après leur avoir assené sur la tête quelques bons coups de cravache. Ils poussèrent alors des hurlements qui leur servent de cri de ralliement, et une cinquantaine des leurs cachés dans le fourré accoururent aussitôt à leur secours Je ne dus mon salut qu'à la vitesse de mon cheval qui, franchissant plus de trois lieues en une heure, me mit hors de leur atteinte.

TRICHON

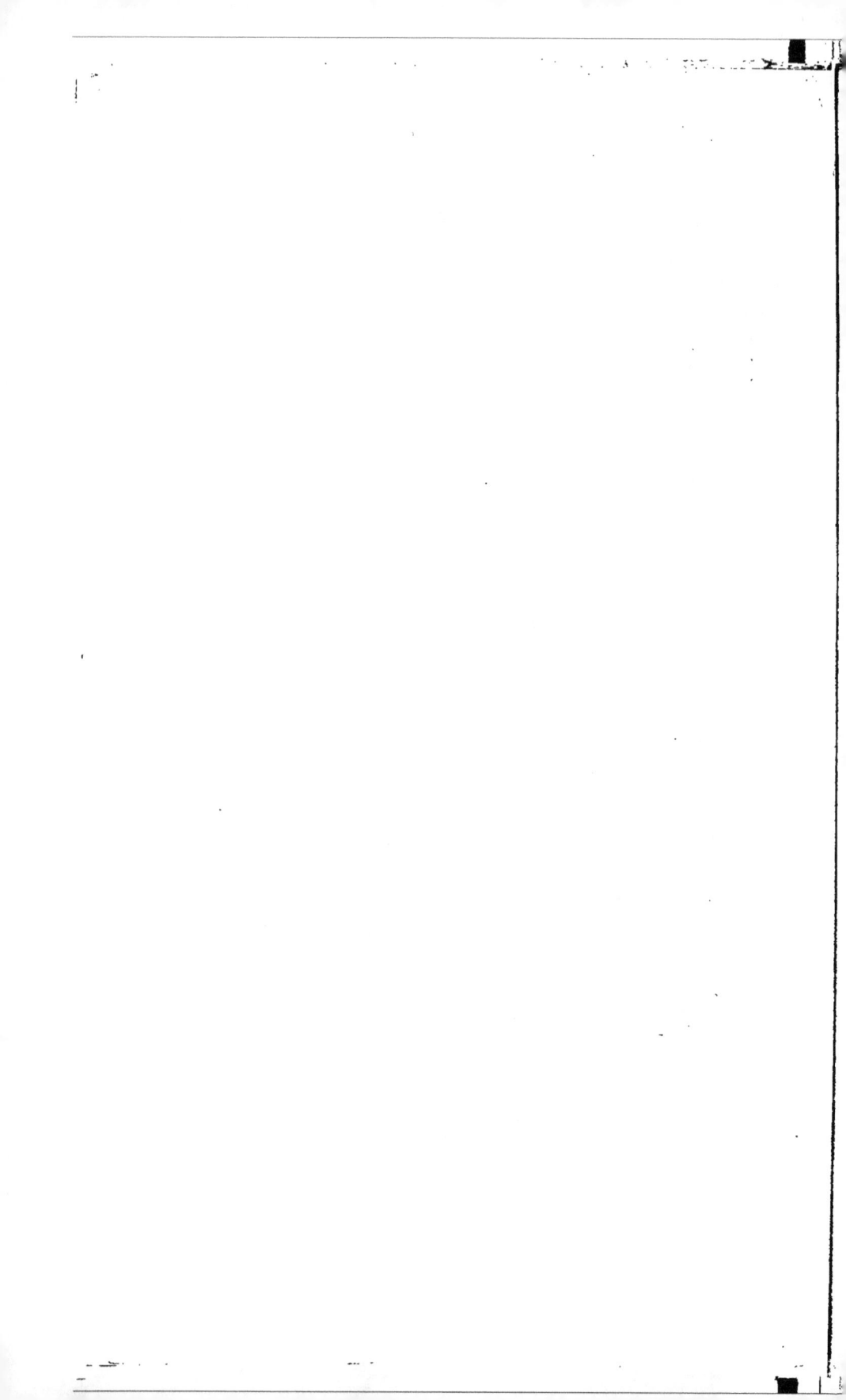

Je continuai ma route par un autre petit sentier, et parcourus 45 lieues sans rien trouver ; mais, arrivé à une mare d'eau qui est à peu de distance du Rio-Colorado, j'y trouvai une centaine d'Indiens *mohaves*, venus du nouveau Mexique pour livrer bataille aux tribus des *Cucopaces*, leurs ennemis. Pendant que les uns reposaient nonchalamment, couchés çà et là sur le sable, d'autres préparaient le repas. Or, c'était le corps d'un des leurs qu'ils étaient occupés à faire rôtir par morceaux.

En m'apercevant, l'un d'eux m'obstrua le passage et me tint le discours suivant : « Ne crains rien, donne-nous « de la farine ou du pain, et il ne te sera rien fait ; ce « que tu vois que nous préparons pour notre déjeuner, « et le tien si tu veux, est de la chair de l'un des nôtres, « mort ce matin (il se mit à pleurnicher). La religion « mohave nous fait un devoir de ramener les morts à « leurs familles ; mais comme nous en sommes à plus de « cent lieues, nous avons décidé de le manger pour « apaiser notre faim. Nous brûlerons les os pour en porter « ensuite les cendres à ses parents ; car nous ne vou- « lons rien laisser sur cette terre ennemie, » et il se mit à la frapper à coups de son long bâton en prononçant de gros jurons.

A la manière dont ce sauvage s'expliquait en castillan, je crus volontiers que celui à qui j'avais affaire était

Mexicain ou que du moins il avait été élevé parmi les Mexicains. Je lui donnai à la hâte quelques provisions e m'éloignai aussitôt de leur abominable festin.

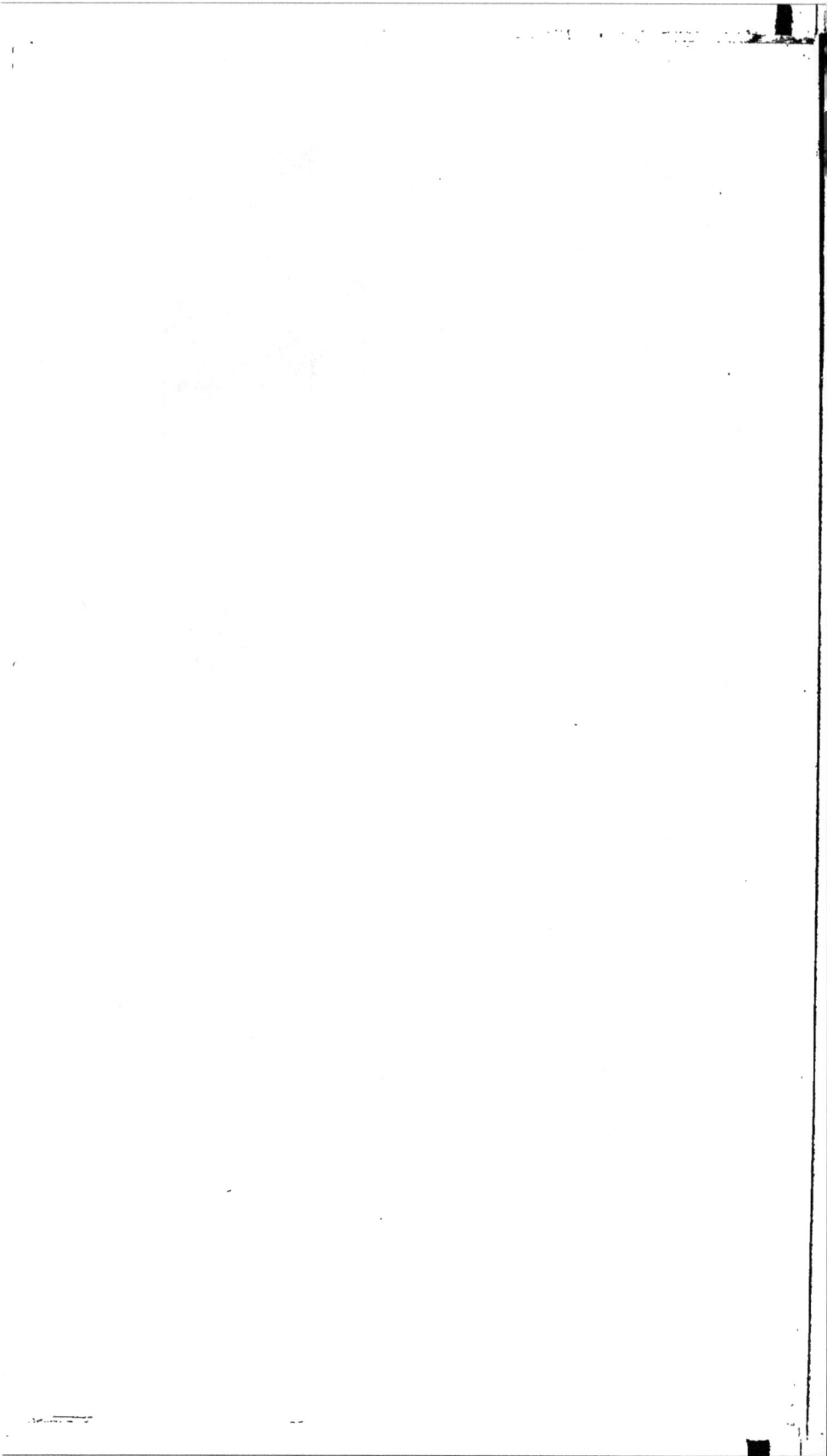

Je ne tardai pas à arriver au grand camp où se tenait le chef ou roi des Indiens que je connaissais un peu ; il était entouré de plusieurs milliers d'individus de sa tribu ; je demandai et obtins la faveur de lui parler ; il me fit une infinité de questions, puis il m'invita à m'asseoir à sa droite, par terre, bien entendu, car là où il n'y a pas de toit il ne saurait y avoir de chaises. Pendant que nous causions ensemble, la reine, sa femme, préparait le repas auquel ils m'invitèrent très-courtoisement ; ils avaient un lapin et des haricots noirs. Pendant le repas, je les décidai à faire baptiser deux petits enfants qu'ils avaient, et ils me promirent de les donner à une famille chrétienne que je leur indiquai.

Pendant la cérémonie, plus de mille barbares, arrivant de quelque expédition, vinrent se grouper autour de la cabane où nous étions, pour observer ce que nous faisions ; et, comme ils faisaient grand bruit, le Cassique leur ordonna de faire silence et de se retirer. A ce commandement ils allèrent se coucher nonchalamment autour de nous, mais si serrés les uns des autres qu'ils formaient un véritable rempart. Une fois la cérémonie terminée, les capitaines des diverses tribus s'avancèrent, et, après un salut à leur façon, me dirent *hue mahova ande have cham pui*, donnez-nous du tabac et à manger car nous avons besoin de tout. Leur ayant donné un peu de tout, ils se retirèrent par ordre du chef.

3.

Au retour de cette visite, il me fallut passer la nuit à mi-côte de la montagne de *Santa Catarina*. Pour mener les chevaux à l'eau, mon domestique, qui était venu me chercher pour visiter un malade, prit un étroit sentier, l'unique du reste qui existât, à peine tracé sur la roche et qui longeait l'escarpement de la montagne. Le gouffre béant d'un profond précipice attendait en bas celui qui, en passant, ferait un faux pas. Or quelques Indiens de la tribu nomade du capitaine *Bartolo* avaient sans doute formé le projet de faire un festin à leur façon avec la chair d'une mule qui servait à porter mes provisions, régal dont ils sont très-friands.

Ils se postèrent à l'avance sur une petite proéminence qui dominait le sentier pour attendre les animaux au passage, et, quand la mule qu'ils convoitaient fut à leur portée, ils l'épouvantèrent tellement qu'elle se précipita dans le ravin. Descendre la chercher, la mettre en morceaux, la cuire sur la braise, fut l'affaire d'un instant.

Dépourvu de moyens de transporter mes provisions, je dus les leur laisser, ce qui, quinze lieues plus loin, m'obligea à manger d'un serpent que mon domestique tua à coups de fusil. Nous nous en repentîmes; car, à peu de distance de là, je tuai quelques perdreaux dont nous eûmes assez pour arriver à notre destination.

A ceux qui pourraient se demander comment j'ai pu tuer du gibier autrement qu'avec des armes, je leur dirais que dans ces contrées elles sont indispensables à tout voyageur, pour sa sécurité d'abord, et ensuite pour tuer de quoi manger, car les fermes sont très-éloignées les unes des autres, tandis qu'avec un fusil on peut se procurer du gibier aux environs des sources qu'on y rencontre.

Arrivé au milieu d'une vaste plaine appelée Santa Clara, je me trouvai en présence d'un groupe d'indigènes inoffensifs qui se tenaient tous par les mains, chantant et dansant, ou plutôt caracolant, tout en même temps, autour de quelques autres de leur tribu qui se tenaient au centre de ce cercle remuant. Ne pouvant pas faire différemment que de passer tout près de là, je vis qu'il s'agissait d'un malade goutteux que quatre vieillards (car aux quatre plus anciens seulement appartient le droit d'exercer la médecine), voulaient guérir au moyen de passes faites avec leurs gros pieds qu'ils appuyaient fortement sur le corps nu du malade couché sur le sol, commençant à la hauteur des épaules pour ne finir qu'au bout des gros orteils, où ils avaient pratiqué une petite incision par où devait sortir le mal ; mais comme celui-ci résistait à leurs efforts et aux prières des danseurs, il fut décidé qu'il fallait creuser un trou dans la terre chaude afin d'y plonger le patient, l'y couvrir jusqu'au cou et l'y laisser un quart de journée, avec défense de faire le moindre mouvement. Je n'eus pas la patience d'attendre jusqu'à la fin ; ainsi j'igno e s'il en sortit guéri ou plus malade.

Enfin, en rentrant à *Santo-Tomas*, j'éprouvai un accident dont je souffris beaucoup : ce fut une chute de cheval qui me brisa l'épaule gauche.

Dans cette tournée, j'examinai avec soin la nature du terrain, ses productions, et l'état des habitants; et voici les remarques que j'eus occasion de faire sur les principaux points que je parcourus.

L'aspect de pauvreté et de misère que l'on rencontre presque partout est frappant. Le sol est généralement aride, l'eau de source et de rivière y est très-rare, ainsi que je viens de le dire, et il ne pleut que peu d'heures dans toute l'année; il y a même des contrées où il n'a pas plu depuis plus de dix ans. C'est pourquoi on ne peut semer que très-peu, aussi la population émigre-t-elle constamment vers des régions plus favorisées.

A l'aide de puits ordinaires ou artésiens, que l'on pourrait avantageusement creuser en plusieurs endroits, la terre donnerait beaucoup, car elle est généralement bonne. Les forêts y sont assez rares; on n'en trouve que sur la *Sierra* de Santa Catarina, et quelques arbres isolés au pied des montagnes.

Les missionnaires du siècle dernier y implantèrent le blé et quelques légumes, le figuier, le pêcher, la vigne, dont le vin est excellent, le poirier, l'olivier et le grenadier. Les prunes et les cerises n'y réussirent pas.

Les arbres ou arbustes du pays sont : le peuplier le saule, le platane, le mangle, le pin à fruit, le sapin, le palmier, le chêne vert et le chêne à gland doux ; le mesquite, dont le fruit, en forme de haricot, est recherché par les naturels, et bien des blancs en tirent bon parti dans leurs voyages ; le magueï, dont la fleur donne du miel, et le pied d'exellente eau-de-vie qu'on appelle mescal, et, enfin, la *hiedra* ou lière, dont le fruit est un poison très-subtil et l'ombre elle-même très-dangereuse.

Le gibier du pays est le cerf, le lièvre, le lapin, la perdrix et la bécassine. Le loup de mer et la loutre sont d'un grand rapport sur toute la côte, car les habitants s'adonnent beaucoup à cette chasse. La peau de la loutre vaut jusqu'à 250 francs l'une. Celle du loup est bonne pour faire des souliers, et on fait de l'huile avec la chair.

Je n'ai pas visité l'île de Guadalupe à quarante lieues de terre, vis-à-vis les salines de San-Quintin ; cependant je sais qu'elle est assez boisée, qu'on y voit encore des traces de quelque ancienne habitation, qu'elle est presque sans eau et qu'elle ne contient pour tout habitant que des chèvres sauvages. Elle a vingt lieues de circonférence et est située au sud-est desdites salines.

La sous-préfecture de la frontière a donc des salines qui demeurèrent inexploitées faute de bras, et des mines de cuivre argentifère qui furent abandonnées en 1858 par suite de difficultés entre les autorités et les mineurs, à propos des droits d'entrée de vivres et de l'exportation du minerai.

Cet arrondissement, dont le chef-lieu est *Santo-Tomas*, renferme douze anciennes missions, qui sont toutes desservies par le curé ou missionnaire résidant à la plus centrale, qui, sous peu, suivant le sort des onze autres, ne sera plus habitable, faute d'eau. Ces missions sont les suivantes :

1o Santo-Tomas, chef-lieu, au centre du district, à 6 lieues de la mer.						
2o Descanso,	25 l. au N.	du chef-lieu, sur les bords de la mer.				
3o N.-D de Guadalupe	20 l. au N.	id.	à 7 lieues	id.		
4o Santa-Catarina,	23 l. au L.	id.	à 30	id.	id.	
5o San-Miguel,	24 l. au N.	id.	à 1,2	id.	id.	
6o San-Pedro M.,	30 l. au S.-E.	id.	à 20	id.	id.	
7o Santo-Domingo,	35 l. au S.	id.	à 2	id.	id.	
8o Le Rosario,	55 l. au S.	id.	à 2	id.	id.	
9o San-Fernando,	68 l. au S.	id.	à 12	id.	id.	
10o S.-Francisco de B.,	130 l. au S.	id.	à 8	id.	id.	
11o Santa-Gertrudis,	148 l. au S.	id.	à 8	id.	id.	
12o San-Vicente,	40 l. au S.	id.	à 6	id.	id.	

Il y a un siècle, la population de ces douze missions dépassait le chiffre de vingt mille âmes, et, aujourd'hui, elle ne dépasse pas celui de cinq cents individus civilisés, disséminés sur un espace de plus de 6 mille lieues de superficie.

L'extrême sud de la Péninsule est un peu plus habitée que le nord, et cela pour trois raisons, savoir : l'eau, la sécurité et les ressources. Il y a plus d'eau parce que, se trouvant plus bas que le nord, les hautes montagnes y déversent le reste des dépôts d'eaux pluviales qu'elles ont reçues quand il pleuvait et qu'elles ont conservées dans leurs entrailles; tandis que l'autre côté, se trouvant plus haut, a reçu la part qui lui revenait ; aussi, aujourd'hui, il n'y a pour ainsi dire ni source, ni eau courante. Une seule restait abondante, celle de *Las-Animas*, et, en 1858, elle s'ouvrit un passage à cent mètres plus bas, pour donner le jour à une grosse rivière qui, après un mois de vie, disparut complétement à son tour.

Il y a plus de sécurité qu'au nord, parce que cette dernière partie, se trouvant trop éloignée de la capitale, les sous-préfets y gouvernent en tyrans, et encore parce que, se trouvant plus à portée des malfaiteurs, elle en est souvent victime.

Il y a plus de ressources, d'abord pour les raisons déjà exposées et ensuite parce que les divers ports de mer et les perles qu'on y trouve, sont très-avantageux. La population du sud est d'environ 7,500 individus disséminés sur un espace de 2 mille lieues ; ainsi, le total des habitants de toute la péninsule de la basse Californie, ne dépasse pas le chiffre de 8 mille, c'est-à-dire une lieue par personne.

A côté de cette population, blanche ou mêlée, s'en trouve une autre composée d'une dizaine de mille Indiens de pure race, descendants des anciens Aborigènes. Ils vivent encore dans l'idolâtrie de leurs pères : comme eux, ils adorent des dieux en terre cuite et sont restés nomades. A certaines saisons, ils changent de contrée ; mais dans ces migrations périodiques, ils reviennent alternativement aux mêmes lieux. Ils sèment du maïs, des citrouilles, des haricots et des melons ; pendant la mortesaison ils vivent de pêche, de chasse, d'herbes sauvages, mais surtout de fruits silvestres qu'ils trouvent dans les bois. Ils n'ont pour tout habit qu'une espèce de feuille de vigne, et les femmes une ceinture à franges faite avec de l'écorce fine d'arbre, descendant jusqu'à mi-cuisse ; souvent même, ils n'ont rien du tout.

Vers l'an 1810, les tribus *Yumas* se révoltèrent contre leurs bienfaiteurs ; ils massacrèrent et brûlèrent, dans les églises de la Conception et de Santa-Catarina, les néophytes, les missionnaires et les soldats. Environ sept cents personnes y périrent dans les flammes.

De retour chez moi, j'achetai, avec l'argent que mes amis m'avaient facilité, d'autres animaux domestiques, j'ensemençai quelques arpents de terre, dont j'organisai l'arrosage au moyen d'une pompe. Ma récolte fut aussi abondante que les années précédentes. Le colonel Castro manquait toujours de tout ; il se conduisit cependant beaucoup mieux à mon égard et ne s'empara plus par la force de ce qui m'appartenait. En un mot, je m'étais fait

une assez belle position, et tout me fut ravi dans la querelle qui s'alluma, en octobre 1860, entre don *José-Saïnz*
et don *Jouan-Mendoza* d'un côté, et don Feliciano R. de
Esparza, de l'autre.

CAUSE DE CETTE QUERELLE.

En septembre 1858, le colonel Castro s'était fait un
ennemi déclaré dans la personne de don M. Moreno, de
San-Diego, pour avoir refusé à ce dernier de le mettre en
possession de plus de quarante lieues carrées de terre
qu'il avait obtenues du gouvernement sur un faux exposé.
Quoiqu'il lui dût sa nomination, voyant que toutes les
terres dont il s'agissait étaient occupées contrairement
aux *denuncios*, il refusa de déposséder les légitimes propriétaires pour complaire à un intrigant.

Ce refus amena une haine mortelle entre ces deux per-
sonnages, naguère liés d'une intime amitié. Moreno
écrivit au gouverneur de la Paz contre Castro et en obtint
la destitution. Don J. Saïnz, homme borné et sans la
moindre instruction, fut appelé à le remplacer; mais
Castro, à qui le baron de Morner avait remis un pli du
gouvernement suprême l'élevant au commandement en
chef de tout le territoire, précisément en remplacement
de celui qui le destituait, ne voulut pas se dessaisir de

ses fonctions, et encore moins en faveur d'une créature de son ennemi.

Saïnz envoya son fils, avec un guide, à la Paz, afin de rendre compte du refus au gouverneur qui l'avait nommé. Mais ces deux individus, dont le dernier surtout avait pris goût à l'excellent vin de *San-Ignacio* et de *Mulégé*, passèrent plus de trois mois pour parcourir les trois cents lieues qui séparent Santo-Tomas de la Paz. Le gouverneur, faute de nouvelles, supposa que Saïnz refusait le poste auquel il l'avait nommé, et, profitant du départ de cette ville pour celle de San-Diego d'un frère dudit Moreno, le chargea d'une lettre à l'adresse de Mendoza, lui confiant la sous-préfecture de la frontière, en remplacement de Castro, destitué, et de Saïnz, non acceptant ou du moins réputé pour tel.

Mendoza, ayant reçu ce pli, écrivit à Castro, représenté par *Esparza,* pour l'informer que le 14 août il se rendrait chez lui pour prendre possession de sa charge, et, y étant allé comme il l'avait dit, il n'obtint rien.

Le 17 du même mois, Esparza alla à Santo-Tomas pour y attendre des marchandises, et y arriva le lendemain soir. A peine y avait-il mis pied à terre, qu'il fut informé qu'un brigand, appelé Gregorio Lopez, se trouvait caché à la mission de San-Miguel. Il y envoya cinq hommes, qui s'emparèrent bien de lui ; mais ils ne jugèrent pas prudent de le fusiller sur place comme Esparza le leur avait ordonné. Ils le conduisirent à Santo-Tomas et y arrivèrent le 20. Esparza voulut le faire fusiller à l'instant, mais il y eut tant d'opposition de la part des bandits qui l'avaient accompagné, qu'il dut former une espèce de tribunal, dont la présidence fut confiée à Saïnz. Lopez fut condamné à mort, et le 22 il fut fusillé.

Après l'exécution, Esparza informa les habitants de son refus de remettre la sous-préfecture à Mendoza ; il réclamait leur approbation ; personne ne dit rien, mais il fut convenu qu'on se réunirait le 1er septembre suivant.

A dater de ce jour, les partisans de Mendoza et les amis du fusillé ne perdirent pas un moment. La maison du premier servait de lieu de rendez-vous tous les mécontents. Il y fut décidé qu'il fallait à tout prix se défaire d'Esparza. A cet effet, ils l'accusèrent d'avoir assassiné Lopez, d'avoir illégalement refusé le cammandement à Mendoza, et enfin d'avoir voulu déclarer l'indépendance de la frontière ; ils s'armèrent et furent se mettre sous les ordres de Saïnz, qui, quoiqu'il eût demandé la mort de Lopez, n'en prit pas moins parti contre Esparza, se mit à leur tête et alla l'arrêter et le mettre en prison, en le menaçant de l'envoyer bientôt rejoindre Lopez.

Saïnz prit alors possession de la sous-préfecture que Castro lui avait refusée, s'empara de toutes les marchandises que le prisonnier venait de recevoir pour l'exploitation des Salines de San-Quintin, et chargea un de ses amis de recevoir par écrit toutes les déclarations qui seraient portées contre l'accusé avec défense de recevoir celles qui pourraient être portées en sa faveur.

Le 14 tout était prêt ; la peine de mort était prononcée, la tombe creusée, et on allait le conduire sur le lieu du supplice, quand Saïnz fils arriva de la Paz avec des plis adressés au sous-préfet de la frontière, sans autre dénomination. Or, comme Saïnz père avait pris possession de la sous-préfecture, il les prit pour lui et les donna à lire à Nicochea, qui avait servi de guide à son fils.

Avant l'arrivée de ce courrier, Saïnz était un des plus acharnés contre Esparza ; mais Nicochea lui ayant fait entendre raison, il se détermina à envoyer le prisonnier à la Paz, avec les accusations qui pesaient sur lui et le dossier du procès qu'on lui avait fait.

Or, comme pour l'y conduire il fallait dépenser de l'argent et perdre du temps, il chercha un expédient, et ce fut d'accuser *Valdivia* de complicité, uniquement parce qu'il était en société avec Esparza dans l'exploitation des salines.

Il fut arrêté, chargé de liens et exposé un jour entier aux rigueurs du soleil. Le lendemain, Saïnz, pour lui en imposer et comme par grâce, lui offrit de ne pas mener les choses à toute extrémité s'il consentait, sous bonne garantie, à conduire son associé à la Paz, pour qu'il y fût jugé.

Valdivia, sous la pression des circonstances, dut admettre, comme améliorant sa situation personnelle, une transaction qui, d'accusé, le rendait une sorte d'agent de l'autorité, et consentit à se charger de la commission qu'on lui imposait, et le 18 il partit de Santo-Tomas avec son prisonnier. Saïnz, accompagné de son homme d'affaires, les suivit par derrière, dans le but de tuer Esparza s'il cherchait à s'échapper, et son conducteur, s'il tentait de favoriser son évasion.

Le 27, ils arrivèrent au Rosario, où il eut un long entretien secret avec un de ses neveux qui s'y trouvait, au sortir duquel il ordonna à Valdivia de remettre le prisonnier à ce parent et de lui verser la somme de mille francs.

Bon gré malgré, Valdivia dut s'exécuter, persuadé du reste, que moyennant ce nouvel arrangement, sa responsabilité cesserait. Il lui manquait 500 francs. Saïnz les lui prêta, avec intérêt à 50 pour 0/0 pour le premier mois, mais à la condition que, passé ce délai, le tout doublerait tous les deux mois, ce qui devait faire la bagatelle de 64 mille francs au bout de l'an. C'est ainsi qu'il agissait habituellement avec ses débiteurs.

Le neveu de ce mauvais riche et son prisonnier se remirent en route pour la Paz, tandis que Saïnz, Nicochea et Valdivia retournèrent sur leurs pas ; mais les deux premiers, qui étaient bien montés, prirent bientôt le galop et laissèrent derrière eux l'infortuné Valdivia.

Ils arrivèrent les premiers aux Salines de *Sanquintin* et y confisquèrent, à leur profit bien entendu, tout le sel déjà fait ; de sorte que quand Valdivia arriva le lendemain au soir, défense lui fut faite d'y toucher sous peine de mort.

Quand il s'agissait de ses intérêts, Saïnz savait réduire sa conscience à composition : or, il était arrivé à se persuader que, comme chef politique et militaire, le revenu des Salines lui appartenait, parce que, disait-il, Castro l'avait vendu à la Compagnie Esparza et Valdivia après sa destitution ; ainsi il crut pouvoir disposer à son profit non-seulement du revenu des Salines, mais même de tout le sel que les deux coassociés y avaient amoncelé et acheté à ceux qui les avaient avant eux.

Le 5 octobre, il rentra à sa ferme de la Grulla, où il ne fit que changer de cheval, pour se diriger vers les Indiens afin de les préparer à venir à son secours en cas de besoin ; car, malgré toutes les précautions qu'il avait prises, il craignait encore le retour d'Esparza : aussi manifestait-il souvent le regret d'avoir suivi le conseil de son homme d'affaires, à tel point que celui-ci, dégouté, se retira de la frontière.

Le 15, le baron de Morner, résidant à San-Francisco, alla à la frontière pour des affaires personnelles et y fut emprisonné, sous prétexte qu'il pourrait bien être un espion de Castro qui se trouvait audit San-Francisco. Il

allait être envoyé à la Paz si je n'avais obtenu sa mise en
liberté, sur la présentation d'un permis délivré par le
consul de France, sous la condition qu'il quitterait immédiatement la frontière. Or, en la quittant, il raconta ce
qui venait de lui arriver, ces arrestation et expulsion
arbitraires déplurent tant à ceux qui en furent informés,
qu'ils partirent pour aller en demander compte à Saïnz et
l'arrêter.

En arrivant près de son habitation pendant la nuit, ils
furent se reposer sous un hangar en attendant le jour.
(Ils étaient loin de supposer qu'ils allaient tous tomber
dans le piége qu'ils venaient tendre à Saïnz.) Mais reve-
nons à Esparza.

ESPARZA SE DÉFAIT DE SON CONDUCTEUR ET RETOURNE SUR SES PAS.

Le neveu de Saïnz et son prisonnier, partis du Rosario
le 28 septembre, marchèrent pendant trois journées entières sans trouver personne; mais dans la matinée de la
quatrième ils se croisèrent avec un nommé *Cipriano-
Castro* qui revenait du Sud. Le prisonnier, qui, à un
signe, connut l'intention de son ami, refusa d'aller plus
loin, et force fut au conducteur de le laisser aller; trop
heureux encore d'en être quitte pour cinq piastres et

quelques provisions qu'Esparza exigea de lui avant de le quitter.

Le 6 octobre Esparza était de retour au Bosario, où tous les habitants se mirent à sa disposition. Castro fut nommé capitaine et ils se mirent en marche. Ils traversèrent successivement huit missions ou fermes, dont les dispositions étaient également favorables à Esparza.

Le 1er novembre, vers une heure du matin, ils arrivèrent à la Grulla, cernèrent le village, firent prisonniers ceux du hangar pour avoir tous coopéré, le 31 août, à l'arrestation d'Esparza ; puis, ayant arrêté et conduit Saïnz au hangar où se trouvaient les autres, on lui fit comme il avait fait le 31 août, c'est-à-dire qu'on lui prit des chevaux, des mules et des bœufs, et le tout fut conduit à Guadalupe en même temps que les prisonniers où ils arrivèrent le 4.

Esparza qui, depuis qu'on l'avait expédié pour la Paz, n'avait eu pour monture qu'une vieille mule que Valdivia avait louée au riche fermier qu'on venait d'arrêter, la lui céda, et, à son tour, il monta le beau cheval que celui-ci montait quand il l'avait accompagné, et Castro monta celui qui avait servi à Nicochea dans le même voyage.

A dater de ce moment Esparza devient méconnaissable, lui qui, avant son arrestation à Santo-Tomas, était doué d'un excellent caractère et d'une probité à toute épreuve;

devient tout à coup cruel comme un tigre, ne respecte plus le bien d'autrui et ne rêve que vengeance.

Pendant les trois mois et demi que les forces demeurèrent en cette mission, les fermes des environs virent ou complètement détruits, ou du moins considérablement diminuées, leurs provisions de toutes sortes, mais notamment leurs troupeaux. Aux réclamations qui lui étaient faites il répondait, comme Ferrer, il faut bien que mes troupes s'entretiennent et qu'elles mangent : bien plus, si les observations des propriétaires n'étaient pas favorablement accueillies il les retenaient chez lui pendant que des émissaires allaient enlever tout ce qui restait encore dans la ferme.

Le colonel Castro, de retour de son voyage, rentra le 14 janvier en possession de la sous-préfecture qu'il avait intérimement confiée à Esparza ; mais celui ci se refusa à lui remettre le commandement militaire et alla se fixer à Santo-Domingo avec sa troupe. Avant son départ il recommanda beaucoup à Castre de ne pas relâcher les douze prisonniers qu'il avait faits à la Grulla et qu il lui laissait dans l'espoir qu'il les ferait fusiller pour n'avoir pas à les nourrir.

Celui-ci, resté à peu près seul et avec peu de provisions, ne partageant d'ailleurs pas l'opinion de l'autre, tenait à se faire des amis de ces individus, aussi il ne tarda pas à les mettre en liberté, sur une simple promesse de revenir

4

à son secours en cas de besoin. Mais ils ne furent pas plutôt sortis qu'ils lui firent secrètement la guerre, jusqu'à ce qu'enfin l'un d'eux, Manuel Marquez, lui donna la mort le 5 avr l 1860, et s'enfu t en Sonora, où il trouva une hosp ta té qu'il ne mér tait pas.

Le district de Santo-Tomas se trouvant ainsi acéphale, par la mort du sous-préfet, l'autorité civile passa immédiatement aux mains d'Esparza, qui déjà s'était réservé le commandement militaire et n'avait remis le civil qu'à regret.

Il convoqua les habitants de la frontière à la maison de la commandance qui était au *Sauzal*, afin d'y procéder, le 20 du même mois, à l'élection d'un gouverneur provisoire. Cet ordre était si pressant qu'il n'admettait aucune exception. La réunion eut lieu ; les soldats auxquels il payait, aux dépens des voisins, cinq piastres par jour, ayant le plus grand intérêt à le conserver, votèrent les premiers, et naturellement ils donnèrent leurs suffrages à Esparza ; il eût été très-imprudent au reste des électeurs de ne pas suivre leur exemple.

ESPARZA EST ÉLEVÉ AU POUVOIR

Ainsi, maître du pouvoir, Esparza envoya secrètement des soldats au *nord*, au *sud* et à l'*est*, pour arrêter et fusiller sur place les individus qui ne s'étaient pas présentés aux élections, qui n'étaient autres que ceux qui, le 31 août, l'avaient arrêté lui-même, et qu'il avait faits prisonniers à la Grulla, et en même temps il défendit à tout le monde de sortir du Sauzal avant qu'il ne leur dise de s'en aller.

Le 22, ceux qui avaient été envoyés à l'*est*, furent les premiers de retour, traînant avec eux cinq prisonniers, *Salomon Pico, Andrès Fuentes, Hilario Albitre, Miguel Perez* et *Juan Melendez.* Les quatre premiers furent fusillés de cinq en cinq minutes, montre en main, pour leur donner le temps de recevoir les consolations de la religion. A force de prières, j'obtins la grâce du cinquième, au risque même d'être fusillé à sa place.

Le même jour, ceux qui avaient été envoyés au *sud* rentrèrent aussi, après avoir passé par les armes les quatre dont les noms suivent : *Luis Lobos, Josè Romero, Antonio Aliras* et *Juan Avila.*

Le 23, ceux qui avaient été envoyés au *nord* revinrent après avoir fusillé un individu, S. Ortega, qui, dirent-ils voulait faire quelque résistance, et emmenant trois infortunés, *C. Romero, A. Varela* et un étranger inconnu, qu'Esparza fit fusiller à cent mètres de la commandance, sans vouloir leur donner un instant pour se préparer à mourir.

Ma qualité d'étranger me mettait naturellement en dehors de la question politique : je n'avais donc rien à voir dans les élections ; cependant, je dus céder à la force, tout en désapprouvant le système que l'on employait ; et quand eurent lieu les assassinats dont je viens de parler, je manifestai hautement combien ils étaient criminels à mes yeux. Esparza n'osa cependant pas se laisser aller à la vengeance ni au ressentiment que lui causa ma désapprobation en cette circonstance.

Ces exécutions sanglantes et quelques autres qui avaient eu lieu antérieurement, sur trois Indiens pour un vol insignifiant, alarmèrent la partie honorable de la population ; les parents et les amis des victimes surtout cherchaient secrètement le moyen de les venger, mais la prudence leur imposait silence.

Quelques-uns de ceux qui, la veille de l'assassinat de Castro, s'étaient retirés à San-Diego se conjurèrent une deuxième fois pour en finir. Sainz, qui, comme il a été dit, avait été nommé sous-préfet avant Mendoza, et qui avait pris possession de cette charge lors de l'arrestation d'Esparza, se considérant comme l'unique et légitime autorité, chargea Mendoza de le remplacer dans le commandement d'une petite troupe, et lui donna en même temps, pour l'aider dans sa tâche, *Juan Ramirez, Juan Osio, José Olivas, Lu s Soza, Mariano Lisalde* et *George Ryerson.*

Puis il fit venir chez lui les Indiens dont il s'était assuré l'appui, et les mit sous les ordres de ses neveux, *Melendez*, *Espinoza* et *Murillo*.

Dans les derniers jours de septembre les *blancs* et les *Indiens* se mirent en marche ; les premiers longèrent la mer, et les Indiens suivirent le chemin du centre, et tombèrent à la ferme de San-Rafael. Le nommé Escaja-dillo, qui en était l'administrateur, fut tenu prisonnier pendant l'enlèvement de tout ce qu'il y avait. Après le pillage, ils le conduisirent à la Grulla. Ils se divisèrent en quatre sections, dont l'une remonta aux tribus pour y déposer le butin ; l'autre se dirigea vers le *Sauzal*, où ils croyaient trouver Esparza, et, chemin faisant, elle passa à une ferme, où elle trouva et arrêta ledit Cipriano Castro et l'emmena prisonnier.

Arrivés au Sauzal, Espinoza d'un côté avec une dou-zaine d'Indiens, et Murillo de l'autre, avec un nombre à peu près égal, intimèrent l'ordre de se rendre aux per-sonnes qui se trouvaient dans la commandance, sans savoir à qui ils avaient à faire, ni combien elles pou-vaient être. Or, Casimir Perez, lieutenant d'Esparza et aussi cruel que lui, qui s'y trouvait seul, au lieu de se rendre comme i's le lui ordonnaient, se défendit si bien, qu'il tua Espinoza, blessa deux Indiens, et put s'échapper sans être aperçu.

Murillo, n'entendant plus de bruit, crut à une victoire, et, s'étant approché, trouva son parent mort et les deux

indiens presque sans mouvement ; mais la maison était
vide, ce qui le rendant furieux, il fit donner la mort à
Castro son prisonnier.

Les deux autres factions prirent deux routes pour se
rendre aux lieu de rendez-vous général, l'une d'elles,
chemin faisant, rencontra un de mes bergers qui condui-
sait un troupeau de bêtes à cornes et le lui enleva ; il ne
dût sa vie qu'à un indigène qui demanda et obtint sa
grâce, mais non sa liberté. On l'attachâ avec l'administrateur de San-Rafael qu'on tenait toujours prisonnier,
et on les conduisit à la Grulla, où le nombre des prisonniers s'augmenta. Un instant après, arriva la bande pas-
sée au Sauzal, et la nouvelle qu'Espinoza était mort les
rendit furieux au point qu'ils auraient massacrés tous
leurs prisonniers, si Melendez, qui trouva un de ses
oncles parmi eux, ne les en eut empêché. Quoiqu'il les
commandât, il eut grand peine à obtenir ce qu'il deman-
dait, car le généralissime indien lui disait : « Tu n'es
« donc plus l'ami de ton oncle Sainz, notre ami et notre
« chef, qui nous envoie toi comme nous? Ne nous as-tu
« pas dit de sa part qu'il fallait exterminer tous les blancs
« pour venger l'insulte qu'ils lui ont faite en lui refusant
« le commandement? Devons-nous oublier qu'il nous a
« promis une bonne récompense si nous le servons bien?
« Ne sais-tu pas qu'il nous a permis de prendre de sa
« ferme ce que nous voudrons, si par cas, ce que

« nous prendrons de ses ennemis ne nous suffit pas ? »
Cependant, il obtint grâce pour la vie, mais ils ne furent
pas encore mis en liberté.

Le 5 octobre, ils se divisèrent en trois sections ; la première, sous les ordres de Mélendez, demeura à la grulla
pour garder les prisonniers et veiller à ce qu'on ne les
tuent pas. La seconde alla à Santo-Tomas où elle entra
chez l'alcade pour l'obliger à les accompagner chez les
voisins ; et comme il ne voulut pas être complice de leurs
actes, ils le firent prisonnier et l'emmenèrent avec eux.
La troisième alla à ma ferme pour en emporter ce qui
serait à leur convenance ; mon domestique ayant voulu
les en empêcher, fut maltraité et garroté ; puis ils le conduisirent à la grulla où, en arrivant, il fut encore plus maltraité ; à tel point qu'un des leurs, touché de compassion,
ayant voulu prendre sa défense fut lié et fusillé, avec lui.
Ils n'étaient peut-être pas encore morts que leurs corps
furent jetés dans un puits pour en empoisonner les eaux.

Ce fut pendant cette sanglante exécution que ceux de
Santo-Tomas arrivèrent avec l'alcade, ou *maire*, qu'ils
conduisirent à l'endroit où se trouvaient encore ceux
qu'on avait voulu massacrer la veille : il va sans dire
qu'en voyant ce qui se passait ils durent s'attendre à
avoir le même sort ; aussi grande fut leur joie quand,
quelques heures plus tard, le roi barbare leur dit qu'il
allait les mettre en liberté, à condition qu'ils prissent les

armes avec lui contre Esparza et qu'ils l'aidassent à prendre dans les fermes des voisins, de quoi indemniser
Sainz, du préjudice que ce dernier lui avait occasionné;
conditions auxquelles ils durent forcément acquiescer.

Rivera, qui était mon majordome, grâce à ses soixan-
te-sept ans, fut dispensé de les accompagner et renvoyé
chez lui. L'alcade et trois autres ne tardèrent pas à dé-
serter, mais Silva, ne l'ayant pu, dût se soumettre à tout
ce qu'ils exigèrent de lui.

Le 1er octobre les blancs arrivèrent à la mission de
San-Miguel, où les sept chefs de l'expédition entrèrent
chez un homme de bien, nommé A. Pérez-Vidal, qu'ils
trouvèrent occupé à donner des soins à son épouse qui
était en mal d'enfant; ils le traînèrent dehors, et à peine
y était-il que Mendoza lui dit : « la visite que tu as faite
à ton ami Esparza, va te coûter la vie, » et à l'instant sept
balles à bout portant l'étendirent raide mort.

Puis les assassins, s'adressant à la veuve éplorée, lui
dirent : « femme, voilà votre mari qui demande à vous
parler. » En ce même moment la malheureuse mit au
monde un orphelin.

Non contents d'avoir assassiné cet honorable père de
famille, qui se consacrait exclusivement à l'agriculture et
au soutien de son ménage, ils voulurent encore détruire,
en y lâchant leurs chevaux, un beau champ de maïs et

de légumes, dont le produit aurait au moins suffi pour quelques temps à l'entretien de la veuve, mère de trois jeunes enfants.

Ils arrivèrent le lendemain matin à Santa-Rosa, où ils trouvèrent l'ex-secrétaire d'Esparza qui, craignant qu'ils ne lui fissent un mauvais parti, jugea à propos de faire une de ces volte-face si fréquentes dans ces occasions ; il leur offrit d'aller leur montrer le lieu où se trouvaient les canons et les munitions de guerre, et, moyennant ses renseignements, ils s'emparèrent de tout. Ils étaient encore occupés à les sortir quand un voisin de Santo-Tomas vint à passer avec une charrette, sur laquelle se trouvaient sa femme, deux enfants à la mamelle et son père, âgé de quatre-vingt-cinq ans, avec la famille de l'alcade, également composée d'une femme, de trois enfants et d'une domestique qui, ayant été dépouillés de tout, partaient pour la haute Californie.

Mendoza ordonna au conducteur de laisser là sa propre famille et celle de son voisin, et d'avoir à charger, à leur place, les canons pour les conduire au quartier général : ordre qui fut si pressant qu'il y dut obéir, sous peine d'être passé par les armes.

Ces deux malheureuses familles ainsi abandonnées ne pouvait songer à regagner leurs foyers, attendu qu'il n'y avait rien à manger ; elles se virent donc dans la nécessité de continuer leur route à pied pour faire les qua-

4.

rante lieues qui leur manquaient pour arriver à San-Diégo, sans provisions aucunes, mais elles espéraient trouver quelques coquillages sur le bord de la mer, et elles ne furent pas trompées.

Dans la matinée du 8, ces scélérats arrivèrent au quartier général, d'où les Indiens étaient déjà partis, ainsi que je l'ai dit. Ils passèrent chez Mélendez pour l'engager à aller aux tribus et en ramener les animaux qui y avaient été conduits. Puis ils entrèrent chez mon majordome que les barbares avaient respecté à cause de son âge avancé, lui ordonnèrent de déclarer où se trou-vaient les animaux dont il était chargé. Sa réponse ne leur ayant pas convenu, ils l'accusèrent de mensonge, lui donnèrent des coups, violèrent sa femme en sa présence, et enfin l'emmenèrent prisonnier. Lorsqu'ils furent arri-vés au haut de la côte qui sépare la Grulla de Santo-Tomas, ils aperçurent, à peu de distance de ce dernier bourg, des cavaliers qui se dirigeaient vers eux; à l'ins-tant ils allèrent s'embusquer à quelques pas de la route, pour faire feu sur eux quand ils passeraient; ils en tuèrent six qui allaient ensemble; un Américain, qui venait par derrière, rebroussa chemin, et ne pût être atteint.

Non contents d'avoir assassiné ces infortunés voya-geurs, il leur fallait encore une autre victime, et ils la trouvèrent dans la personne de mon majordome qu'ils tenaient attaché à un arbre comme une bête féroce. Osio s'en approcha par derrière et lui tira un coup de rifle à bout portant.

Les sept cadavres, abandonnés sans sépulture, devinrent bientôt la proie des bêtes fauves qui abondent dans ces contrées.

Après ce crime, Mendoza se remit en marche, mais pour ne pas aller plus loin que la première fois : car de là, apercevant du monde sur la place de Santo Tomas, il rebroussa chemin pour aller appeler les indiens, il revint le lendemain, mais c'était trop tard, parce qu'Esparza, qui était venu au secours des habitants contre les indiens, ne trouvant plus personne au chef-lieu, et ignorant ce qui venait de ce passer sur la côte, avait fait retraite de son côté.

La force de Mendoza était d'environ quatre cents hommes ; ils campèrent à Santo-Tomas, où ils commirent toutes sortes de crimes et de dégâts ; le béta i qui n'avait pas été enlevé par les Indiens le fut alors. Des gens furent envoyés à ma maison pour me tuer, afin de m'ôter l'idée de réclamer plus tard mes intérêts. Ils ne purent me rencontrer, parce que, ayant été averti secrètement par un envoyé dudit roi barbare, je m'étais sauvé à cheval en prenant, à travers champs, la route de San-Diégo.

Le 18, ayant été informé qu'Esparza se trouvait à San-Isidro, Mendoza s'y porta avec sa troupe, ne laissant au camp que les forces nécessaires pour garder le bétail volé. Avant d'en venir aux mains, quelques indigènes vinrent ramasser les troupeaux des habitants des environs du camp d'Esparza, et s'acheminèrent vers Santo-Tomas. Cette razia faite, on en vint aux mains ; mais les munitions ayant fait défaut à Mendoza, il se retira dans la nuit du 22.

Le lendemain matin, Esparza, ne se voyant pas attaqué, sortit lui-même du fortin qu'il avait improvisé pour attaquer son ennemi, mais c'était trop tard : hommes, armes, bagages et troupeaux du voisinage, tout avait disparu et amené à Guadalupe, où se fit le partage.

Esparza, de son côté, n'ayant plus de provisions, se porta sur la mission du Descanso, où il demeura près de trois mois, et il n'en serait pas sorti de si tôt s'il n'en avait été chassé.

Vers la fin de janvier 1860, il apprit que Moreno avait été demander des forces à la Paz et à Mazatlan. Pour lui résister, il recourut à la *leva* dans les villages du sud, ne laissant au camp que quelques soldats sous les ordres dudit Casimir Pérez : or, pendant qu'il était ainsi absent, Moreno et deux colonels, *Marquez* et *Cota*, arrivèrent, et firent autant de prisonniers comme il y avait de soldats.

Esparza ayant appris ce qui venait de se passer à son camp, et craignant qu'on ne vînt s'emparer de sa per-

sonne, s'embarqua avec sa famille pour l'île de Guade-
lupe, où il mourut misérablement.

Les deux colonels, renonçant à une poursuite désormais inutile , regagnèrent la Paz et Mazatlan avec
leurs prisonniers, qui furent incorporés aux troupes de
Juarez.

En quittant le district de la frontière, ils laissèrent
l'autorité aux mains de Moreno. Ses partisans s'empres-
sèrent de rentrer et de l'appuyer autant qu'ils le purent ;
mais leur satisfaction ne fut pas de longue durée : car,
marchant sur les traces de presque tous ses prédéces-
seurs, il sembla prendre l'arbitraire pour règle de conduite. En effet, il s'empara d'abord de quarante-deux
lieues de terrain, première cause des désordres et des
événements que nous venons de voir, et consomma ainsi
la spoliation d'un grand nombre de légitimes possesseurs ;
puis il saisit et vendit un dépôt d'argenterie, unique reste
de ce qui avait appartenu aux missions de la frontières.
En un mot, il accabla de vexations toute la partie honorable de la population, dont il s'attira l'animosité, jusqu'à ce qu'enfin un *pronunciamento* le força à prendre
la fuite.

Ses partisans, principaux promoteurs et instigateurs
de la série de crimes qui viennent d'être rapportés,
payèrent bientôt de leur vie les actes sanguinaires qu'ils
avaient autorisés ou commis personnellement.

Sainz, à la nouvelle de la fuite de Mathias Moreno, eut une telle colère, qu'il en mourut le lendemain, au moment même où lui aussi se préparait à s'enfuir.

Mendoza fut tué à San-Diégo par un Américain qui l'occupait.

Osio fut pendu par des Indiens qu'il voulait enrôler.

Ryerson fut tué au moment où il allait prendre du service pour les confédérés du Sud.

Enfin, *Ramirez* fut jeté en prison pour un assassinat qu'il avait commis quelques années auparavant dans les États-Unis d'Amérique.

DERNIÈRE VISITE A SANTO-TOMAS

La frontière était déserte ; de mon côté, j'avais tout perdu dans cette guerre, j'étais totalement privé de ressources ; mon unique espérance consistait désormais en une juste réparation que je ne pouvais obtenir qu'à Mexico.

Cependant, je ne voulus pas quitter pour toujours la terre californienne, sans revoir une dernière fois une terre que depuis cinq ans j'arrosais de mes sueurs ; sans dire un dernier adieu à ceux de mes chers Californiens qui avaient survécu à leurs frères ; triste reste d'un troupeau épars et décimé, et que je ne devais plus revoir.

D'ailleurs, je voulais donner sépulture aux ossements des morts en cette lutte (ce que je fis le 21 décembre), et juger par mes propres yeux de l'étendue des derniers désastres. Je partis donc de San-Diégo avec une escorte; mais, hélas! je ne trouvai plus personne. Toutes les maisons sur ma route étaient fermées. *Santo-Tomas* n'était plus qu'une ruine littéralement déserte. Partout on y retrouvait les traces des scènes de dévastation et du vandalisme dont il venait d'être le théâtre.

Le cœur navré de douleur et les larmes aux yeux, je dus quitter au plus tôt un spectacle aussi poignant, que je ne me sentais pas la force de contempler plus longtemps. Je repartis au plus vite pour San-Diégo.

Déplorable situation d'une contrée où l'homme est sans cesse exposé aux plus grands périls, où sa vie est toujours en danger, malgré le tempérament généralement bon et hospitalier de la plupart des habitants.

La guerre civile, les caprices sanguinaires des chefs qui se disputent constamment le commandement, l'audace de quelques aventuriers des États voisins qui vont s'y réfugier, sont autant de causes de destruction destinées à faire disparaître complétement un jour le reste d'une population déjà ruinée, et qui semble vouée pour jamais au désespoir et à un anéantissement prochain.

DÉPART DE SAN-DIÉGO POUR MEXICO.

Le 31 décembre de l'année qui avait vu mourir la cinquième partie de la population de la frontière, soit dans les exécutions arbitraires, soit dans les guerres ridicules de leurs chefs *Castro*, *Esparza*, *Mendoza* et *Sainz*; qui avait vu la main de Dieu s'appesantir et moissonner avant maturité, ces mêmes chefs, pour leur demander compte du sang qu'ils avaient versé; qui avait vu la ruine et l'émigration de presque tout le reste; qui avait vu les sources d'eau refuser leur ordinaire. Le cœur navré de douleur, je pris congé de mes amis, réfugiés à San-Diégo, pour aller passer un mois à *Temecula* où j'avais à faire. Puis je partis pour le Colorado, que j'atteignis après avoir fait plus de cent lieues en moins de cinq jours, tantôt à travers des plaines arides et tantôt des sables brûlants du désert, dans lequel, le voyageur épuisé de fatigue, haletant de soif, ne rencontre rien sur sa route pour satisfaire aucun de ses besoins; trop heureux s'il trouve de loin en loin un peu d'eau saumâtre pour le désaltérer un instant et lui servir à se préparer un repas insuffisant à réparer ses forces.

Ce fut près d'un de ces puits, creusés de temps immémorial par les Indiens, que je trouvai quatre individus que je ne tardais pas à reconnaître pour des voleurs, circonstance que la prudence me commandait de dissimuler. Comme moi, ils s'étaient arrêtés à ce puits pour prendre un peu de nourriture. J'observai que pendant qu'ils préparaient leur repas, ils échangeaient furtivement des signes d'intelligence et suivaient une espèce de conversation à voix basse. Enfin, ils s'éloignèrent bientôt de quelques pas et semblèrent discuter vivement une question dont j'ignorais l'objet, mais je dus supposer plus tard qu'il s'agissait des moyens à prendre pour se débarrasser de moi, car, outre l'envie qu'ils avaient, de mon superbe cheval, ils voulaient m'empêcher d'aller à Mexico porter ma plainte; parce qu'eux-mêmes avaient contribué à me dépouiller de tout.

A leur retour, ils m'accablèrent de paroles flatteuses et de compliments outrés, me témoignant combien ils étaient contents et enchantés de m'avoir pour compagnon de voyage jusqu'en Sonora où ils disaient aller. Mais je les connaissais et me donnai bien garde de me fier à leurs belles paroles. Cependant la nuit approchait et l'on se disposa à partir.

Je fus le premier en selle, et j'en profitai pour aller communiquer mes craintes à deux employés d'un relais de poste américain qui se trouvait à une courte distance de l'endroit où nous étions arrêtés Je les mis dans la confidence d'une petite ruse que j'avais imaginée, en les priant de s'y prêter. Ils convinrent avec moi de feindre de m'a-

cheter mon cheval pour la poste, ce qui m'obligerait natu·
rellement. à attendre la voiture qui devait passer vers
minuit.

Ces dispositions ainsi prises, je fis part de mon chan-
gement de détermination à mes quatre compagnons improvisés. J'alléguai les fatigues de la route et mon dénû·
ment qui m'avait forcé à vendre mon cheval. Ils se ré-
crièrent, m'offrirent une de leur montures et insistèrent
pour me la faire accepter ; mais tout fut inutile, je répon-
dis que je n'étais pas assez bon cavalier pour monter un
cheval que je ne connaissais pas je rentrai ; à l'écurie du
relais, et, en les quittant, je remarquai leur désappointe·
ment.

Cependant, aussitôt qu'ils furent suffisamment éloignés
je remontai à cheval de mon côté, pour prendre une direction opposée à la leur ; car, en cet endroit, la route
faisant un coude à cause de ce puits, je pus, sans trop
m'éloigner, suivre un sentier diamétralement opposé à
la route qu'ils avaient prise, afin de la rejoindre avant le
jour. Je marchai toute la nuit, et au lever du soleil mon
but fut atteint. Je calculai que je n'avais pas fait moins
de vingt-cinq lieues. Alors, ne doutant pas de mon
avance sur eux, je m'arrêtai pour prendre quelque repos
et donner à mon compagnon de fatigues, le temps de
réparer ses forces par une légère ration d'orge.

Je me couchai sur le sable avec mon fusil caché à côté

de moi; le sommeil me gagna insensiblement; mais je n'étais encore qu'aux trois quarts endormi quand le craquement du sable vint frapper mon ereille et je me réveillais en sursaut.

Il y avait en effet quelqu'un près de moi; c'était un individu que je crus reconnaître pour un Irlandais; il venait de détacher mon cheval et s'apprêtait à sauter dessus. Une minute de plus et c'en était fait; prendre mon fusil, l'armer, mettre mon voleur en joue, fut l'affaire d'un instant. Je lui intimai d'avoir à laisser là mon cheval et de dé guerpir sur l'heure, sans quoi je le tuais comme un chien Il obéit en maugréant, quelques pas plus loin il sortit un pistolet et m'en menaça en proférant toutes sortes d'injures, mais je le laissai dire, tout en ne le perdant pas de vue. Enfin, il s'éloigna, et de mon côté, je jugeai prudent de remonter à cheval pour continuer ma route.

Arrivé au *Colorado*, je fus plainement convaincu que les quatre voleurs dont je viens de parler, m'auraient fait un mauvais parti si j'avais été avec eux, car la diligence qui, d'après ce que je leur avais dit, devait m'amener, fut arrêtée et dévalisée par quatre individus qui étaient sortis du bois, et au signalement qu'ils m'en donnèrent, je vis que c'étaient les mêmes.

Le surlendemain de mon arrivée *Arizona City*, située sur la rive gauche de la rivière, à un mille du fort Yuma; ville naissante et qui néanmoins comptait

déjà près de trois mille habitants et qui est destinée
à devenir importante lorsque le chemin de fer trans-
continental sera terminé, le remontais de nouveau à
cheval et allai visiter un ami qui se trouvait momenta-
nément sur une propriété m'appartenant, sise sur la rive
droite dudit Colorado, mesurant 14 kilomètres sur ses
quatre faces, dont celle du nord correspond en droite
ligne avec celle de démarcation entre la Sonore et
l'Arizona, et longe en aval la rivière d'autant de kilomètres. A mon retour, étant arrivé à peu de distance du
passage qu'on appelle *Los-Algodones*, j'entendis des cris
plaintifs qui semblaient partir des bords du fleuve. Le lieu
était peu rassurant, ce pouvait être un piége tendu à la
naïveté du voyageur. Sans calculer l'étendue du danger
auquel je pouvais m'exposer, je préparai mon fusil et
m'approchai du lieu d'où partaient les gémissements, et
je me trouvai bientôt en face de deux malheureuses In-
diennes Yumas, toutes jeunes encore, qui venaient d'être
victimes d'atroces violences, de la part de trois bandits.
Elles étaient attachées dos à dos par tous les membres, et
si près du bord de la rivière, que le moindre mouvement
les y eut fait tomber.

Je m'empressai de couper leurs liens, de leur faire
prendre quelque nourriture, et de leur donner les secours
que réclamait leur triste situation. Elles étaient si faibles,
qu'une fois délivrées, l'une d'elles tomba évanouie, et

l'autre fut longtemps sans pouvoir parler. Enfin, leur état s'améliora, et elles purent répondre à mes questions. J'appris ce qui s'était passé : la veille, vers midi, elles avaient été surprises par trois individus que je reconnus pour être les trois *jeans*, Mendoza, Ramirez et Osio qui, après les avoir attachées, avaient assouvi sur elles leur brutalité, puis les avaient abandonnées à quelques pas du précipice, où, en se débattant pour se dégager, elles devaient infailliblement rouler ou périr d'inanition si personne ne venait à leur secours

Je partageai en deux une chemise que j'avais de réserve, et la leur donnai pour se couvrir tant soit peu, car les malfaiteurs avaient jeté leurs ceinturons à l'eau : puis elles me suivirent jusqu'à la ville, où je les confiai aux soins d'une dame mexicaine, dona *Albina Gortari*, qui, parlant assez leur langue, se chargea de leur instruction, et le 15 février je les baptisai à leur grand contentement. Toute la population d'*Arizona-City* voulut s'associer à cette bonne œuvre, et une souscription ouverte en leur faveur produisit le chiffre de deux mille piastres, qui furent destinées à leur faire donner une éducation chrétienne dans un pensionnat de demoiselles à San-Francisco.

M. et Mme Guadalupe *Estivens*, qui leur servirent de parrain et de marraine, contribuèrent beaucoup à cette bonne œuvre de charité, et pour ma part je leur dois un témoignage tout particulier de reconnaissance pour la bonne volonté dont ils firent preuve et pour l'estime qu'ils voulurent bien m'accorder pendant mon séjour dans leur ville. Je les connaissais déjà pour les avoir visités quand j'étais au fort Yuma en qualité d'aumônier militaire.

Dans l'après-midi de la même journée, il y eut une autre cérémonie, mais de tout autre nature que celle de la matinée ; il s'agissait cette fois de l'exécution d'un Chinois qui avait assassiné sa maîtresse, et de l'enterrement de celle-ci.

Quant à l'assassin, il fut pendu aux branches d'un mesquite et, une fois mort, son corps fut doublé en deux, placé comme assis dans une profonde mais courte et étroite fosse, sans cercueil, recouvert, et tout fut fini.

Sa victime, au contraire, reçut les honneurs dus aux honnêtes habitants du céleste empire. Elle fut parée de ses plus beaux atours, assise dans un beau fauteuil et portée par quatre *senoritas* de sa nation, toutes habillées de blanc : le convoi passa et repassa sur la tombe de l'assassin, comme pour l'écraser, et, arrivé au cimetière improvisé, où se trouvait une grande table ronde richement servie, la morte en occupa la première place, ayant à ses côtés les dames d'honneur, c'est-à-dire celles qui l'avaient portée ; puis chacun occupa la place que lui assigna le mandarin, et tout le monde mangea de bon appétit.

Munie de deux baguettes, à la façon de son pays, en guise de fourchettes, la morte fut toujours servie la première, mais comme elle ne toucha à rien, on eut soin de tout mettre de côté.

5

Terminé ce repas, qui paraissait plutôt un repas de
noces que de funérailles, tous les invités se levèrent et
s'éloignèrent un peu de la table, où demeura celle qui
était la cause involontaire de cette réunion ; puis un chacun revint, isolément et respectueusement, s'asseoir un
instant à sa droite pour lui faire telle ou telle recommandation.

Ceci fini, on la mit, tout habillée mais sans bijoux, dans
un beau cercueil pourvu de toutes sortes de provisions ;
on la descendit avec beaucoup de soin dans la fosse ; en
ce même moment, tous en chœur, lui firent leurs adieux
de toute la force de leurs poumons, et on la recouvrit de
deux pieds de terre. Puis on jeta dessus tous les meubles,
les habits et autres objets qui avaient servi à la défunte ;
on en fit un feu de joie, on acheva de combler la fosse de
terre, sur laquelle on mit tous les plats qui lui avaient
été servis à table, et enfin on dressa et alluma une
infinité de bougies, qu'on laissa tout autour de la
tombe.

Le 18 février, ayant appris que six Mexicains honora-
blement connus s'apprêtaient à partir le soir même pour
la Sonora, je m'apprêtai aussi de mon côté pour m'en
aller avec eux, car il est impossible à une personne seule
d'entreprendre un si long voyage à travers un pays privé
d'eau et exposé aux incursions des Indiens *apachés* ; ils
avaient chacun une monture et des mules destinées à

porter les provisions, ils m'offrirent de me servir de guides et mirent leurs mules à ma disposition pour mes vivres et ceux de mon cheval. J'acceptai leurs offres avec d'autant plus de plaisir que nous devions parcourir un trajet de plus de cent lieues sans trouver d'autre habitation que celle de quelques mineurs, à *Sonoyta*, manquant eux-mêmes de tout. Le soir, nous nous mîmes en route tous bien armés. Nous mimes quinze jours pour parcourir l'espace qui sépare l'Arizona-City de la ville de l'*Altar*; car nous devions aller au pas des mules qui portaient nos provisions. Une fois arrivés, mes bons compagnons de voyage se retirèrent chacun de son côté.

Nous eûmes beaucoup à souffrir du manque d'eau, de la chaleur et de l'absence presque totale d'arbres pour nous y reposer un instant à l'ombre. L'eau que nous avions en barils était tellement chaude que nous aurions pu en faire notre café sans avoir besoin de la mettre devant le feu. Nous passâmes des journées entières sans en trouver pour renouveler notre provision, et quand nous en trouvions, ce n'était que des mares d'une puanteur et d'une malpropreté incroyables. Néanmoins le besoin nous obligeait à nous en servir; nous la coulions à travers un linge, mais elle ne sentait pas moins mauvais pour cela.

Le voyageur qui parcourt ce trajet pour la première fois est souvent trompé par le miroitage; à chaque instant il croit apercevoir des lacs et des rivières à quelques pas devant lui, il avance plein d'espoir et jamais il n'y arrive; aussi, bien des personnes y ont été victimes de leur inexpérience.

Quand, de loin en loin, nous trouvions un peu d'ombre, nous en profitions pour prendre un peu de repos, car nous préférions marcher de nuit pour profiter de la fraîcheur, quoique cependant nous fussions plus exposés à l'inconvénient d'être mordus par les reptiles, qui, dans ces climats chauds, ne sortent guère que la nuit. Je me rappellerai toujours qu'une nuit, délicieusement couché sur une peau de mouton étendue sur le sable, je dormais d'un profond sommeil, quand je me sentis la poitrine oppressée sous un poids accablant, comme si j'avais été sous la pression d'un cauchemar épouvantable. Je me réveillai en sursaut, mais le poids qui m'opprimait amortit le mouvement que j'allais faire, et bien m'en prit. Un serpent énorme était venu enrouler ses longs plis sur ma poitrine et dormait, lui aussi, d'un sommeil tranquille. J'appelai mes compagnons qui m'en débarrassèrent et le tuèrent ensuite.

Le jour suivant, à peine avions-nous fait deux lieues, que nous trouvâmes le cadavre d'un jeune homme mort de soif, à une courte distance d'un monticule appelé *Cabeza-prieta* (tête noire). Les forces lui avaient manqué avant d'arriver jusqu'à la source qu'il cherchait, et à deux kilomètres de laquelle il avait succombé.

Nous l'ensevelîmes et plantâmes une croix sur sa tombe, au pied de laquelle nous jetâmes quelques pierres, selon la coutume du pays, et chaque passant n'aura pas manqué d'y en apporter une; et aujourd'hui si la première croix n'existe plus, le tas de pierres indiquera pour toujours le lieu de la sépulture de cet infortuné, dont rien ne nous révéla le nom ni l'origine.

Arrivé enfin en cette ville, qui est la préfecture la plus au nord de la Sonora, je descendis chez un habitant nommé Redondo, à qui j'avais été recommandé par l'un de ses frères, et il me reçut parfaitement bien. Un instant après, ses regards s'étant portés sur mon cheval, il me dit : Vous ignorez sans doute, Monsieur, que vous avez un cheval à moi. Pourriez-vous me dire à qui vous l'avez acheté? Je lui montrai l'acte d'achat à un nommé Manuel Martinez de l'Altar; il le fit appeler, et comme ils étaient proches parents ils s'arrangèrent entre eux. Le vrai propriétaire reprit son cheval, et celui qui me l'avait vendu me le remplaça par un autre de même valeur ou à peu près, et tout fut terminé. Ainsi agissent souvent, dans ce pays, les voisins vis-à-vis de leurs voisins : ils se volent réciproquement l'un l'autre et vont au loin vendre le produit de leurs rapines, dans la persuation que rien ne se saura.

Je fus vraiment heureux d'avoir fait faire un acte de
vente, et que le vendeur fut de cette ville même, sans
quoi j'aurais perdu ma monture, car la trop grande distance aurait bien pu faire que j'eusse préféré tout perdre
plutôt que de retourner sur mes pas, pour recouvrer le
rix que j'en avais donné.

La ville de l'Altar a été riche et populeuse, mais depuis
cinq ans qu'il n'y avait pas plu quand j'y passai, elle
était ruinée, et bon nombre de ses habitants étaient passés
en Californie. Elle doit son nom à une grande pierre en
forme d'autel, sur laquelle les Indiens *apachés* immolaient
leurs prisonniers ; ils leur arrachaient le cœur, l'offraient
à leur divinité, puis dépeçaieut leur corps et en fesaien
un festin qu'ils prenaient en commun.

Au bout de trois semaines je me remis en route pour
Hermosillo où j'arrivai, cinq jours après, exténué de fatigue, de privations, et brûlé par la chaleur. Le lendemain
de mon arrivée je vendis mon cheval pour la diligence.

Hermosillo est la ville la plus populeuse de l'état de
Sonora. Sa population est d'environ quatorze mille âmes.
Elle est avantageusement située dans un bas fond arrosé
par une rivière qui, en la fertilisant, lui donne un aspect
magnifique. Ses alentours sont bien cultivés et plantés
d'arbres fruitiers : l'olivier, l'oranger et la vigne y
viennent admirablement bien. Les farines de ses blés sont
rès-estimées.

Je fus cordialement reçu par M. Osorio, curé de la paroisse, ainsi que par deux compatriotes, l'un nommé Camou et l'autre docteur Pierson, ce dernier fut massacré avec plusieurs autres, en 1866, par ordre du gouverneur Pesqueyra.

Le 8 mai, je pris la diligence de *Guaymas* où j'arrivai le lendemain. Cette ville est à quarante lieues de celle d'où je sortais; elle est située sur le bord d'une belle et vaste baie, et forme un carré long. On y voit quelques petits jardins, mais ses alentours ne produisent rien. Sa population est d'environ cinq mille âmes, l'eau y manque complètement, on l'apporte de loin pour l'usage journalier.

Le port de Guaymas est le principal de la Sonora, et expédie pour l'intérieur les provisions de toute espèce qu'il reçoit journellement.

Le lendemain de mon arrivée je me présentai devant M. Calvo, consul de France, pour le prier d'appuyer la réclamation que j'allais faire à la la capitale, pour les divers enlèvements dont j'ai parlé et qui avaient été faits sur le territoire dont il est naturellement chargé, par sa position géographique ; mais quoique je lui eusse été recommandé par M. Astiazaran, député au Corps législatif, et par M. Cuvilla son beau-frère, je le trouvai si ennemi des Français, si peu porté à soutenir leurs intérêts, et si porté pour le gouvernement mexicain, que je dus m'en

éloigner au plus vite. J'éprouvai alors par moi-même ce
que tant de personnes m'avaient dit de ce personnage,
qui se croit déshonoré quand on le traite de Français.

Enfin, le 16, je montai à bord d'un navire américain,
la Fanny-Major, qui était en partance pour San-Francisco,
mais qui devait toucher à plusieurs ports avant d'arriver
à sa destination. Il toucha d'abord à l'île del Carmen
pour prendre du sel ; pendant qu'on se préparait pour ce
chargement, une petite nacelle fut envoyée à *loreto*, il y
eut une place pour moi et quatorze heures après nous y
arrivâmes exténués de fatigue, car nous fûmes constamment occupés à en sortir l'eau Je n'eus que le temps de
visiter l'église qui est un chef-d'œuvre d'une richesse
incroyable, mais son port est dégradé, ce qui fait que les
grandes embarcations ne pouvant plus y aller, les habitants sont dans la misère.

Nous reprîmes notre frêle embarcation après l'avoir
tant soit peu raccommodée, et remontâmes à bord de la
Fanny qui, le 25, jeta l'ancre devant La Paz, aujourd'hui
capitale de la Péninsule.

La ville de La Paz compte environ trois mille habitants,
dont plusieurs français. Son port, ses perles et les mines
d'or de San Antonio, lui donnent de l'animation et de
l'aisance. La chaleur y est excessive, néanmoins il y a
de l'eau bonne et fraîche, et la fièvre n'y fait aucun ravage.

Naturellement, ma première visite fut pour Monsei-

gneur l'évêque qui me reçut avec toute la bienveillance
qu'il m'avait déjà témoignée dans sa correspondance épis-
tolaire, que je conserve comme un précieux souvenir de
sa bonté excessive à mon égard ainsi que de l'estime
qu'il me prodiguait, et voici le certificat qu'il me remit au
moment où, malgré ses soixante-neuf ans, il partait pour
une visite pastorale (1).

Un mois m'ayant suffi pour obtenir les certificats de
l'évêque d'abord et ensuite des autorités civiles pour, au
moyen de ces derniers, appuyer la réclamation que

---

(1) Nous, B. D. Jean-François Escalante, évêque *in partibus
infidelium de Anastasiopolis*, et vicaire apostolique de la
Basse-Californie, dans la république mexicaine, certifions que
depuis le mois de mars 1856 jusqu'aujourd'hui, que nous
avons eu sous notre autorité ecclésiastique M. Henry Airic,
prêtre français; il n'a cessé de s'occuper du soin des âmes
dans les villages de la frontière de ce territoire; que sa conduite a toujours été celle d'un bon ministre de la religion
catholique, administrant les sacrements et les secours spiri-
tuels avec ponctualité et efficacité, donnant en même temps
les meilleurs exemples par sa conduite privée. Enfin, il a
toujours manifesté le plus grand désintéressement dans l'accomplissement de son ministère paroissial.

Et pour les fins qui pourraient lui convenir, nous lui avons
donné les présentes dans le port de *La Paz*, ville capitale de
la Basse-Californie, le 4 juin 1861.

Signé : Jean-François, évêque d'Anastasiopolis et vicaire
apostolique de la Basse-Californie.

j'allais faire à la capitale de la République, je m'embarquai de nouveau, à bord d'un tout petit navire, appelé le *Diable*, qui se rendait à Mozatlan, dans l'espoir qu'en cette ville je pourrais en trouver un autre qui me conduirait plus loin, chose que je n'avais pu trouver à la Paz.

Le 25 juin, je montai à son bord et nous partîmes par un temps abominable ; nous longeâmes la côte jusqu'au Cap des Palmiers afin de nous tenir à l'abri du vent qui était toujours très-fort, puis nous filâmes droit vers Mozatlan où nous jetâmes l'ancre dans la soirée du dernier jour du mois. Notre traversée avait donc duré six jours, tandis que la plupart des embarcations la font en trois.

Mozatlan est une ville d'environ treize mille habitants, qui paraissent tous dans l'aisance, son commerce est considérable ; les villes de l'état de *Sinaloa* ne s'approvisionnent que là. Elle est adossée à une montagne toujours couverte de verdure jusqu'à son sommet : elle est plantée de toute espèce d'arbres, mais surtout de palmiers de grenadiers, d'orangers, de guayaviers, de pitahayers et de figuiers de Babarie ; et le tout, quoique la terre ne soit pas très-riche, grâce aux fréquentes pluies qui y tombent, y réussit parfaitement bien.

Le climat de cette ville est très chaud et naguère était malsain, mais aujourd'hui, grâce à la diligence des autorités qui ont fait disparaître les eaux stagnantes, la fièvre n'y fait plus de ravages.

Après sept jours d'attente je trouvai enfin un caboteur qui faisait la côte de *San-Blas*; je pris place à son bord, la traversée fut courte et agréable, le 11 nous jetâmes l'ancre dans sa petite baie et nous descendîmes à terre. Le premier individu que j'y vis me demanda si je partais pour Mexico; ma réponse ayant été affirmative, il me dit qu'il y allait aussi et que si je voulais nous partirions ensemble; j'acceptais avec répugnance à la vérité, car je le connaissais pour avoir, deux ans avant mon arrivée à la frontière, donné la mort à un homme de Santo-Tomas. Il y avait été envoyé par le général Blancarte, gouverneur de la Péninsule pour relever un nommé Antonio Melendez, frère de celui dont je sauvai la vie lors de la fusillade au Zauzal, qui faisait les fonctions de sous-préfet, dont l'amour pour sa patrie lui coûta la vie; voici le fait:

En 1854, un flibustier irlandais, appelé Walker tomba sur la partie nord de la Basse-Californie pour s'en emparer. Le général Négreté qui commandait cette partie, fut saisi de frayeur et déserta son poste, pour se réfugier sur le territoire des Etats-Unis : sa conduite fut blâmée comme elle était blâmable. Un berger, le dit Antonio Melendez, jeune homme sans instruction aucune, et dont la conduite laissait beaucoup à désirer, mais fort et décidé, se mit à la tête des forces restées fidèles et par-

vint à déloger le flibustier. Après l'action il rendit compte
de sa conduite au gouverneur résidant à la Paz. Celui-ci
loin de l'approuver, envoya, avec quelques forces, le
Catalan qui va être mon compagnon de voyage. Arrivé à
San-Vincente qui est à neuf lieues de Santo-Tomas, il
fit appeler l'infortuné Antonio sous prétexte qu'il venait
pour apporter sa nomination en règle : Celui ci s'y rendit
sans méfiance, mais hélas! il avait été trompé, et son
patriotisme devait être récompensé par la mort. Il fut
fait prisonnier et fusillé sans lui donner le temps de
s'expliquer.

L'envoyé du gouverneur prit possession de la sous-préfecture, devenue vacante par la fuite honteuse du titulaire
d'abord, et ensuite par l'assassinat de l'intérimaire qui
venait de se commettre. Le nouveau chef dût bientôt
déguerpir et regagner la Paz : Et le voilà maintenant en
route avec moi pour Mexico, ce dont je n'eus pas à me
plaindre.

Je débarquai donc à San-Blas où je dus séjourner quelques jours en attendant la baisse des eaux qui couvraient
la route. Cette bourgade, quoique située sur une terre
fertile, est très-pauvre, et ses habitants pleins de vermine
sont paresseux et joueurs. Leur nourriture habituelle
se borne à des bananes crues ou cuites, et par suite ils
sont tous maladifs.

Ses alentours sont couverts d'arbres énormes ; l'acajou

y est très commun, on en voit quelques pieds, dans les jardins, d'une grosseur prodigieuse ; ils sont toujours couverts de perroquets sauvages dont le bruit abasourdit ceux qui y arrivent pour la première fois. Il n'y a personne qui les prenne ni qui leur fasse la chasse.

Le trajet de San-Blas à *Tépic* n'offrit rien de saillant : la route entre ces deux villes était si mal entretenue et si en pente qu'il nous fallut marcher à pied une bonne partie du temps ; les mules en avaient assez avec la voi- ture, sans personne dedans.

Tépic est une ville d'environ douze mille âmes, bien bâtie, au milieu d'une plaine fertile où le blé, le maïs, la canne à sucre et toutes sortes de légumes viennent en abondance : quand nous y passâmes elle venait d'être ravagée simultanément par les troupes libérales et les réactionnaires.

Les vols et les assassinats étaient à l'ordre du jour, surtout aux abords de Tépic, alors occupé par Rojas et ses sicaires. Citer ce nom-là suffit, une longue odyssée de crimes et d'actes de la plus affreuse barbarie n'en dirait pas davantage.

J'étais sorti en ville pour me procurer des vivres pour notre route, lors qu'il m'accosta lui-même en personne et me demanda qui j'étais et m'ordonna de le suivre immédiatement chez lui : Là il me questionna sur mes opinions politiques et finit par me donner, moyennant trois piastres, une espèce de passeport dont je me donnai bien de garde de faire usage, car il eût été pour moi d'une triste recommandation ; il ajouta, en me congédiant, que s'il pouvait supposer que je ne fusse pas libéral comme lui, il m'enverrait rejoindre le général Blancorte, auquel il venait de donner la mort avec le même coutelas qu'il brandissait à la main en m'adressant la parole. Enfin je pus m'éloigner de ce bandit, dont Dieu s'était servi pour châtier l'assassin de Melendez, et dont la seule présence me causait un malaise difficile à rendre.

Une heure après nous prîmes deux guides et quatre chevaux de louage, dont un pour chaque, et nous nous remîmes en route. Nous nous donnâmes bien de garde de suivre le chemin direct, car nous savions qu'il était occupé par les libéraux et par les réactionnaires qu'il nous fallait à tout prix éviter.

De *Tépic* à Guadalajara nous y mîmes cinq jours et nous éprouvâmes mille contre-temps tous plus désagréables les uns que les autres.

Nous passâmes par l'ancienne ville de *Jalisco,* qui a donné son nom au département dont Guadalajara est aujourd'hui la capitale.

A une lieue de cette ville, nous passâmes un petit cours d'eau profondément encaissé sur les bords duquel nous vîmes plus de trois cents monceaux de pierre surmontés d'une espèce de croix, dont quelques-uns récents et d'autres paraissant remonter à deux ou trois siècles, qui indiquent qu'autant de malheureux, probablement porteurs de quelque valeur, y ont trouvé la mort.

Après avoir successivement gravi deux hautes montagnes, sans chemin ni sentier, dont les broussailles vertes et les chênes robustes que l'on y trouve prouvent la fertilité du sol, nous vîmes, au sommet de la seconde, le cadavre d'un malheureux courrier qui avait été assassiné quelques jours auparavant. Comme nous, il avait cherché à éviter le danger par un détour, sans pour cela pouvoir échapper au sort funeste qui l'attendait. Nous pûmes encore reconnaître, par les blessures qu'il avait au front, qu'il était mort de trois coups de feu à bout portant.

Au bas de la dernière côte, nous traversâmes un petit plateau couvert de cadavres, dont la mort pouvait remonter à sept ou huit jours, qui répandaient une odeur infecte difficile à supposer : plus de deux cents hommes, fuyant le sac et le carnage, étaient tombés dans une embuscade de Rojas et avaient été égorgés par ce bandit.

A l'extrémité de ce même plateau, se trouvait une ferme qui avait été la proie des flammes à la même époque, gens et biens avaient péri dans l'incendie.

Un peu plus loin, le même bandit avait fait descendre de leurs niches tous les saints qui se trouvaient dans l'église, en avait fait un bûcher dans le sanctuaire même, sur lequel il avait fait brûler le prêtre et le sacristain.

Enfin, vers dix heures du soir, nous arrivâmes à *San-Pedro*, naguère encore petite ville de trois mille habitants, convertie en un monceau de ruines; en effet, toujours le même l'avait totalement détruite; les habitants avaient péri par le feu ou par le fer; quatre ou cinq maisons et l église, qui se trouvaient isolées, avaient échappé au désastre général, et quelques centaines d'habitants, qui, s'étant sauvés dans les bois, avaient survécu à leurs parents.

Je passai la nuit dans l'église avec le reste de la population, mon compagnon de voyage et les deux guides préfèrent la passer dehors, quoique le temps fût à la pluie.

Le lendemain nous continuâmes notre chemin et trouvâmes deux gros villages, Santa Isabel et Santa-Rosa, entièrement abandonnés; bientôt après nous en trouvâmes un troisième, dont je ne sus pas le nom, qui venait d'être détruit de fond en comble, à quelques pas duquel se trouvait une femme encore pendue par les pieds à un arbre, dans des circonstances que la plume se refuse à tracer. Enfin, le soir, nous nous arrêtâmes et passâmes la nuit à *Ahuacatlan*.

Nous fûmes logés dans un vaste appartement où l'absence de tout meuble se faisait remarquer, nous n'eûmes donc ni siége, ni table, ni lit, ni rien pour les remplacer. Tout, jusqu'aux matelas et paillasses, avait été détruit et brûlé par les forces de Juarez ou de Miramon. Cette absence se fit également remarquer sur toute notre route, à l'exception de Léon, de Guadalajara et de Queratero : les mets qu'on nous servait semblaient se ressentir aussi, tant soit peu, de la disparition d'une partie de la batterie de cuisine. Heureusement, nous avions chacun une tasse en cuir, une petite assiette en fer battu, un couteau, une fourchette et une cuillère. Le tapis des chevaux nous tenait lieu de paillasse et de matelas, les selles de traversin et nos habits de couvertures. Le plus souvent nos montures étaient logées dans le même appartement que nous, et quelquefois aussi nous étions logés dans la même pièce qu'elles : souvent même nous le préférions, parce qu'alors nous étions sûrs d'empêcher de faire la troisième règle élémentaire qui s'appelle *soustraction*.

La troisième journée fut longue et à peu près la même que la précédente sous le rapport des auberges, mais elle nous offrit un panorama bien autrement agréable. Tous les villages que nous traversâmes étaient entourés de terres très-bien cultivées, chose bien rare au Mexique ; les sillons étaient tous aussi droits que si on les avait tirés au cordeau ; pour obtenir cette ligne droite le laboureur a deux points de mire, dont un de chaque côté, qu'il change à mesure qu'il avance, et il vise droit vers

celui où il va. Le blé, le maïs et le maguey sont les principales récoltes de cette contrée.

La quatrième fut moins longue et moins agréable, car,
à mesure que nous avancions, nous perdions de ce beau
coup d'œil de la veille. Le soir, nous nous arrêtâmes et
passâmes la nuit dans un village entouré de sable, c'est
pourquoi on l'appelle *Arenal*.

Dans la matinée de la cinquième, pendant que nous
préparions notre déjeuner, quelque bon mathématicien
trouva moyen de soustraire une partie de nos effets;
heureusement, nous pûmes bientôt les remplacer à *Guadalajara*, où nous arrivâmes de bonne heure.

Vers dix heures du matin, en arrivant à un village
appelé Santa-Cruz, nous fûmes accostés par une centaine
de paysans bien armés qui nous demandèrent si nous
n'avions pas rencontré des hommes conduisant des animaux; sur notre réponse affirmative, ils allèrent à l'endroit indiqué, les arrêtèrent et en passèrent onze
par les armes, pour des assassinats et le pillage d'un
village entier.

Aussitôt arrivés à Guadalajara, nous congédiâmes nos
guides et y séjournâmes une semaine en attendant le
rétablissement du service de la diligence de Mexico, qui,
à cause des guerres civiles, avait été suspendu depuis
plus d'un mois.

Le lendemain matin, étant sorti en ville, je fus arrêté

sur la place par un sergent d'infanterie qui, me prenant pour un autre, me conduisit devant le commandant de place, mais celui-ci, reconnaissant l'erreur, me relâcha immédiatement.

Quelques jours après, voyant que la diligence ne partirait pas encore, nous en prîmes notre parti, achetâmes chacun un cheval, et nous nous remîmes en route. Le trajet de *Guadalajara* jusqu'à *Queretaro* dura près de deux semaines, qui furent toutes pleines de privations, mais nous n'éprouvâmes aucun accident ni désagrément, excepté du côté de la route elle-même qui, à cause des grandes pluies, était devenue impraticable, surtout entre *Yrapuato* et *Salamanca*.

Etant arrivés à *Queretaro*, mon compagnon de voyage n'osant pas aller plus loin, car partout on nous racontait des assassinats qui avaient été commis en tel ou tel point, vendit son cheval; comme je ne voulus pas me décider à donner le mien pour le prix qu'on m'en offrait, je tentai de continuer ma route tout seul. Je partis, et au sortir de la ville je rencontrai deux cavaliers qui suivaient la même direction que moi, nous allâmes six lieues ensemble, puis ils prirent une autre route.

Tant que je fus avec eux, tout alla bien, mais me trouvant seul quand je passai à un village appelé *Polo-Alto*, le colonel Valencia, commandant une petite force qui s'y trouvait, profitant du moment que je prenais quelque

rafraîchissement dans une maison, s'empara de mon
cheval, sellé et bridé, et le fit éloigner du lieu par un de
ses soldats, et lui-même alla se cacher sur une terrasse.
Quand je sortis, je ne trouvai donc ni le colonel ni le
cheval, et personne ne voulut me dire où se trouvait le
soustracteur; néanmoins, une femme, qui probablement
n'approuvait pas cette manière d'agir, me donna à entendre, par la fixité de son regard, qu'il était monté sur la
maison; j'y montai par une échelle et l'y trouvai en
effet : il me reçut assez mal ; néanmoins , me voyant
étranger, il se calma un peu et me dit que pour le cheval,
il ne voulait pas me le rendre parce qu'il en avait besoin,
mais qu'il allait, non me le payer, mais me donner de
quoi prendre la diligence qui allait passer ; pendant qu'il
me parlait ainsi, elle arriva, et j'acceptai ce qu'il m'offrit, car je suis sûr que je n'aurais rien obtenu en insis-
tant davantage.

Je ne tardai pas à bénir la Providence de ce qu'elle
m'avait fait rencontrer ce colonel, car en me volant le
cheval, il me préserva d'un plus grand malheur. A peine
cette diligence avait elle parcouru une lieue que nous
nous trouvâmes arrêtés par une bande de voleurs qui nous
avaient déjà intimé l'ordre de leur donner notre argent.
Nous étions à nous fouiller quand, comme par miracle,
nous vîmes arriver au galop des soldats du général
Mejia, qui avait alors son quartier général à San Juan

del Rio ; en les voyant, nos voleurs prirent la fuite et se cachèrent dans un bois. Les soldats ne purent leur donner la chasse parce qu'ils allaient attaquer le colonel, qui m'avait mis à pied, leur ennemi.

Mon voyage avait duré sept mois; j'avais parcouru plus de douze cents lieues, y compris les détours qu'il m'avait fallu faire, tantôt pour éviter des passagers mal hantés, tantôt pour échapper aux Indiens barbares, tantôt pour fuir un péril imminent qui m'attendait sur la route ordinaire, tantôt à cheval, tantôt à pied, tantôt par mer. En un mot, après avoir surmonté des dangers, des fatigues et des privations dont on ne saurait se faire une juste idée, j'arrivai à Mexico dans les derniers jours de la première quinzaine d'août 1861.

A peu de jours après mon arrivée, je présentai à la légation les pièces qui prouvaient mes pertes et mes griefs, bien appuyées par une douzaine de témoignages irrécusables et dûment légalisées, afin qu'elles servissent de base aux justes réparations auxquelles j'avais droit, et elles furent favorablement accueillies par le ministre de France.

La colonie française, qui était d'environ trois mille âmes, se trouvait alors sans ministre du culte; je fus autorisé par Mgr l'archevêque à exercer le ministère. La sympathie que mes compatriotes m'y ont toujours témoignée est pour moi un précieux gage de leur satisfaction.

Du côté du clergé mexicain, je n'ai également qu'à me féliciter des rapports et des relations que j'ai eu occasion d'entretenir avec quelques-uns de ses membres, et notamment avec le docteur R. P. Icaza et les trois curés du Sagrario.

Finalement, peu de temps après l'occupation de la capitale par l'armée française, M. l'abbé Testory, aumônier en chef du corps expéditionnaire, aujourd'hui chanoine du chapitre impérial de Saint-Denis, voulut bien me présenter au général, et, bientôt après, j'étais nommé aumônier des hôpitaux militaires de Mexico et de Tacubaya.

Depuis lors, en dehors des fonctions de ma nouvelle charge, j'ai continué, comme par le passé, à me consacrer aux devoirs du ministère envers ceux qui l'ont réclamé ; en trois temps différents, j'ai préparé pour la première communion les enfants des Européens ; plusieurs jeunes Mexicains, et quelques militaires du corps expéditionnaire y ont pris part.

Je pourrais citer ici plusieurs lettres qui m'ont été adressées à ce sujet, mais étant toutes dans le même style, je ne citerai que celle qui suit (1) :

---

(1) Monsieur l'abbé Alric, aumônier de l'armée française.
Monsieur l'abbé,

Je suis heureux de pouvoir vous témoigner, en mon nom et au nom de mon épouse, les sentiments d'affection

La population du Mexique est d'environ huit millions d'habitants, dont deux millions du sexe masculin et six millions du sexe féminin. Cette disproportion provient de cinq causes principales, savoir : la naissance, les guerres civiles, les exécutions capitales, les assassinats et la mauvaise nourriture, ou bien la malpropreté dans les prisons, où la basse classe du pays passe plus de la moitié de sa vie. Or, tout cela retombe plus sur les hommes que sur les femmes. A la vérité, ces dernières sont très-nombreuses dans les maisons de correction, mais étant soignées par des sœurs, elles doivent se tenir propres.

La ville de Mexico fut fondée dans le treizième siècle ; elle fut ainsi appelée à cause qu'elle fut construite au milieu de l'eau. Le nombre de ses habitants du temps de l'empereur Montezuma était de deux millions, mais aujourd'hui c'est tout au plus si elle en contient deux cent trente mille, tant indiens que blancs. Ses rues sont

---

de gratitude que nous ressentons pour la personne qui a si dignement préparé notre enfant à sa première communion.

Ce jour, qui doit être pour lui le plus beau de sa vie, régnera aussi dans notre mémoire, et dans notre cœur restera gravé le nom de l'excellent ecclésiastique qui, dans un pays étranger, a réveillé en nous, par cette auguste cérémonie, les souvenirs si doux de la patrie et de la famille.

Agréez, monsieur l'abbé, le témoignage de ma parfaite considération.

A. FRIZAC.

Mexico, 8 juin 1866.

larges, droites, et forment un vrai damier; elles sont souvent malpropres à cause des inondations, dont les eaux basses y séjournent des mois entiers, et n'en sortiraient même pas, si l'on n'employait des pompes pour les déverser dans le lac de Tescoco, qui est un peu plus élevé que le niveau de la ville.

On croit que les habitants de cette ville, comme du reste du pays, étaient descendants de *Neptüim*, descendant lui-même de *Sem*, fils de *Noé*, qui, peu de temps après la confusion des langues, à l'époque de la construction de la tour de Babel, seraient passés de l'Égypte à l'Amérique par l'endroit où se trouve aujourd'hui le détroit de Bhéring, soit qu'il ne fût pas encore occupé par le bras, soit que ses eaux se fussent retirées assez au moment des marées basses, soit enfin qu'on ait pu les passer sur la glace. Ils auraient demeuré longtemps au nord de ce ce continent avant d'arriver au Mexique, et surtout avant de s'y fixer définitivement ; puis ils auraient fondé des villes, des royaumes, puis enfin celui de Mexico, qui aurait porté le nom du royaume des *Chichimécas*, et, plus tard, celui des *Anahuac*.

Les environs de Mexico sont beaux et fertiles, mais généralement mal cultivés à cause peut-être des guerres civiles qui occupent tous les bras utiles et n'ont de respect pour rien.

A une lieue à l'ouest de la ville se trouve un monticule

appelé *Chapultepec*, sur lequel l'empereur Montezuma fit construire un château qu'il habitait à la saison, et que l'infortuné Maximilien habitait au moment du départ des forces françaises et d'où il partit, nonobstant le conseil du maréchal Bazaine et du ministre de France, pour Quérétaro, où, le 19 juin 1867, il fut fusillé en vertu d'une sentence approuvée par le général Escobedo, après un emprisonnement de trente-cinq jours, pendant lesquels il fut traité d'une manière infâme et conduit au lieu du supplice, au milieu d'ignobles insultes, qu'il supporta avec sérénité et dignité.

A une lieue et demie, au nord, se trouve un autre monticule appelé Guadalupe, qui possède une très-belle et riche église dédiée à la Sainte Vierge, qui fut construite à la fin du seizième siècle. L'histoire dit qu'un jour un Indien, baptisé sous le nom de Juan Diego, se rendant au marché et passant sur ce monticule, y trouva une belle dame qui le chargea d'aller trouver l'archevêque et de lui dire qu'il fallait qu'il fît bâtir une chapelle en cet endroit. L'Indien s'acquitta de la commission ; mais l'évêque ne voulut pas croire à son récit. Une deuxième apparition eut lieu, et, cette fois-ci, cette dame mit un bouquet de roses dans le pan du zarape de l'Indien, auquel elle recommanda de n'y pas toucher, et de faire la même instance que précédemment. Quand Juan Diego fut devant l'évêque et qu'il voulut l'en retirer pour le lui présenter

6

il ne l'y trouva plus, il s'était changé en une belle image de la Sainte-Vierge, imprimée sur ledit zarape. L'église fut alors construite, et elle a continué d'être en grande vénération. Le 12 décembre, et quelques jours plus tard, les Indiens sont autorisés à y danser et à y prendre leurs repas qu'ils préparent sur la place.

Mexico, quoique sur l'eau, n'en a pas pour son usage ordinaire, car celle que l'on trouve à un ou deux pieds de profondeur au-dessous du niveau du sol, est salée et malsaine, mais elle a celle que les Indiens barbares, du temps de *Montezuma*, avaient été prendre, au moyen de deux aqueducs, à deux lieues de la ville.

Les Indiens sont d'une taille régulière, mais plutôt grands que petits. Leurs membres sont bien proportionnés : leur front est un peu étroit, leurs cheveux sont droits, noirs, gros, drus et longs; leurs yeux sont noirs et vifs; leurs dents sont unies, fortes, blanches et propres; leur barbe est rare, et peu nombreux sont ceux qui ont du poil aux jambes et aux bras; leur teint est olivâtre. Rarement ils sont malades, aussi ceux qui sont sobres ne meurent-ils que de vétusté.

Ce qu'il y a de désagréable dans leur teint, dans l'étroitesse de leur front, dans la rareté de leur barbe et dans la grosseur de leurs cheveux, se trouve largement compensé par la régularité et la proportion de leurs membres; de telle sorte que s'ils ne sont pas beaux, du moins ils ne sont pas laids à faire peur. Parmi les jeunes personnes, il y en a qui sont assez belles, mais ce qui plaît le plus chez elles, c'est leur affabilité, leur modestie naturelle et leurs manières gracieuses.

Ordinairement, ils mangent peu, mais ils aiment beaucoup à boire, et ce vice leur tient lieu d'épidémie dont ils meurent avant l'âge, ils sont, pour la plupart, ignorants, superstitieux et faux; ils croient aux revenants, aux faux miracles et aux sorciers, ils font ou font faire des prières, même pour la réussite d'un crime; ils font de grandes prostrations, des signes de croix de toute la longueur de leurs bras, se remplissent les poches d'eau bénite, se frappent fort la poitrine d'une main, tandis que de l'autre ils fouillent dans les poches des voisins; ils aiment leurs femmes, mais un peu moins que celles des voisins. Une fois par an, le jour de la Toussaint, ils se mettent en frais pour préparer un bon repas qu'ils servent sur une table couverte de bougies allumées, bien persuadés que les âmes de leurs proches y viendront pendant leur sommeil, et comme ces âmes n'y touchent guère, ils vont le lendemain manger ce *qui reste sur leurs tombes.*

S'il y a un décès dans une famille, des voisins s'y rendent, prient un instant à genoux, puis, se levant, ils chantent, dansent et boivent autour du mort, jusqu'à ce que d'autres voisins aillent les relever. (A Mexico, cette cérémonie n'a lieu que pour les enfants, mais dans les

villages elle est commune à tous). Or, tout cela est le résultat de l'ignorance, et ceux qui par état devraient les
instruire, ne se tiennent pas à la hauteur de leur devoir,
car à côté de ces brutes, on en voit beaucoup d'instruits
et ne cédant en rien aux grandes capacités des autres
pays.

Le climat du Mexique est généralement bon sur les
hauteurs, mais malsain sur les côtes de Tampico, de Vera-
Cruz, d'Acapulco et de San Blas où la fièvre jaune fait
tous les ans des ravages.

Des tremblements de terre et des coups de tonnerre
épouvantables y sont fréquents ; mais les pluies de la
plupart des après-midi, de trois à quatre heures, donnent à la terre une fécondité incroyable.

Dans la république il y a dix-sept fleuves ou rivières
notables, dont trois se jettent dans le Pacifique, sept
dans le golfe de Cortez, sept dans le golfe du Mexique
et un dans le lac de Tlahmalahila après un parcours de
108 lieues.

Les trois qui se jettent dans le Pacifique sont le Rio-
Grande, après un parcours de 208 lieues, le Rio de las-
Balsas, après un parcours de 161 lieues, le Rio Mesqui-
tal, après un parcours de 115 lieues.

Les sept qui se jettent dans le golfe de Cortez sont : le
Rio-Yaqui, après un parcours de 150 lieues, le Rio Altar

de 108 lieues, le Rio-del-Fuerte de 105 lieues, le Rio-Mayo, de 80 lieues, et le Rio de Culiacan de 80 lieues.

Les sept qui se jettent dans le golfe du Mexique sont : le Rio-Bravo, de 548 lieues, le Rio-Grijalva de 132 lieues, le Rio-Usumacinta de 131 lieues, le Rio Panuco de 110 lieues, le Rio Alvarado. de 62 lieues et le Rio-Guaza-coalcos de 55 lieues.

Il y a dix-sept montagnes, dont cinq à volcans et couvertes de neige, ce sont : le Popocatepetl de 5775 mètres, le pic d'Orizava de 5295 mètres, le pic de Colima de 3396 mètres, le Soconusco de 2400 mètres, le Sarullo de 1299 mètres

Les douze couvertes de neige, mais sans volcan apparent, sont : le Iztacihuatl de 4775 mètres, le Nevado de 4440 mètres, le Ajusco de 3575 mètres, le Cofre de Perote de 4089 mètres, le Zempoatepetl de 3668 mètres, le Quincéo de 3324 mètres, la Veta-Grande de 2800 mètres, la Bufa de Zacatecas de 2618 mètres, le Mercado de 2500 mètres, le mont Jesus Maria de 2511 mètres, le Tabaco-tés de 2124 mètres et le C^{ro} Prieto de 2124 mètres au dessus du niveau de la mer.

Cinq grands lacs reçoivent des rivières importantes ; néanmoins celui de Chapala est le seul qui leur redonne cours dans le Rio-Grande. Les autres n'ont point d'issue visible, et ce sont : celui de Patz Cuaro, celui du Cayman, celui de Tescoco et enfin celui de Chalco.

Les sources d'eau douce sont très-nombreuses, mais les plus notables sont les quatre suivantes.

Celle qui prend naissance un peu au-dessus de Cha-pultepec qu'elle dessert en passant, et va, par deux aque-ducs de plus de 800 arches chaque, desservir la capitale où elle arrive fraîche et abondante.

Celle de Atoyac, qui forme à elle seule une grande ri vière, laquelle après avoir passé sous un long, large et solide pont naturel, appelé pont de Dieu, reçoit sur son passage près du Passo-del-Macho, le ruisseau appelé Chiquéhuite, à vingt-cinq lieues de Vera-Cruz.

Celle de Aguacaliente qui sort si chaude que peu d'heu res suffisent pour préparer ce que l'on veut. Elles sont toutes bonnes à boire et agréables au goût. Et enfin celle de Pacuaro qui n'est pas moins utile que les trois premiè-res, car elle se pétrifie sous une cascade qu'elle forme à peu de distance de sa naissance, et ces pétrifications sont bonnes, les unes pour la médecine, et les autres rempla-cent si bien le savon qu'aucune tache ne leur résiste.

En outre des fruits qui sont communs aux Européens, on trouve, sur le territoire mexicain, ceux qui lui sont propres, tels que :

L'Ahuacate, qui est le fruit d'un arbre semblable au noyer, mais dont les feuilles ressemblent au laurier ; il est vert et ovale ; sa chair fondante est d'un goût exquis, et se mange crue, soit au naturel soit en salade, il a un gros noyau dont on ne connaît pas l'utilité.

La banane, qu'on appelle aussi figue d'Adam, et qui, semblable à la grappe que les douze envoyés de Moïse lui rapportèrent de la terre promise, vient, en forme de vis, sur une plante haute et très-tendre, dont une seule feuille suffirait pour couvrir une personne : sa tige commence à fleurir quand elle est à la hauteur d'environ quatre mètres, elles avancent au fur et à mesure que la tige monte, et les fruits remplacent les fleurs à mesure qu'elles tombent. De telle sorte que quelques mois après elles sont converties en une grappe de fruits mûrs, verts, et de fleurs que deux hommes ne pourraient certainement pas porter à une grande distance.

Le café est très-abondant dans les terres chaudes, on en trouve des forêts entre Orizava et Cordoba. L'arbre qui le produit est en tout semblable au cerisier, et son fruit est également semblable à la cerise jusqu'à sa maturité, mais alors il se ride, se détache de la branche, et son noyau, en séchant, se sépare de son jumeau.

La Chirimoya, qui est le fruit d'un arbre assez semblable au cognassier, est rond et d'une circonférence d'environ vingt-cinq centimètres. Son enveloppe est verte, ses graines sont de la grosseur d'une fève, sa chair est fine et fondante. Cueillie avant sa maturité, elle donne du lait qu'on ne saurait guère distinguer du naturel.

Le capulin, qui est le fruit d'un arbre semblable au cerisier, vient en grappes presque comme le raisin, mais il n'est que médiocrement bon au goût.

Le coco, que tout le monde connaît, qui vient sur le palmier, est très-abondant dans tous les climats chauds.

La datte, qui est également le fruit d'une espèce de palmier, vient en grappes.

La granadita, qui est le fruit de l'ébène rouge, a la forme d'un œuf; son enveloppe est jaune, son intérieur est une chair gluante et a une infinité de petites graines qu'on prendrait pour des œufs de grenouilles; mais elle est si bonne qu'on ne se lasserait jamais d'en manger.

Le mamey, qui est le fruit d'un arbre assez semblable au cyprès, a la chair rouge et agréable, mais son gros noyau n'est pas utilisé.

Le melon d'arbre, qui est le fruit d'un arbre à tige droite peu couverte de grandes feuilles en forme d'éventail, a en tout la forme et le goût d'un vrai melon ordinaire.

Le mango, qui est le fruit d'un arbre semblable au prunier, est jaune à l'extérieur et à l'intérieur; sa chair est fondante, mais on ne peut la manger qu'en la suçant, car elle tient au noyau par une infinité de filaments qu'il serait imprudent d'avaler.

L'ocote, qui est le fruit d'un arbre semblable au pommier, a la forme et le goût de la nèfle cultivée.

Le zapote noir, qui est le fruit d'un arbre assez semblable au poirier. Son enveloppe est tendre et verte, et sa chair blette noire est en tout semblable à la confiture de raisins.

Le zapote blanc, qui est semblable au premier avec la seule différence que sa chair reste ferme et blanche.

Le zapote petit, qui est encore semblable aux autres, mais celui-ci a la chair grise et d'un goût encore plus exquis que les deux premiers.

La guayava, qui est le fruit d'un arbre déjà semblable à l'olivier; sa chair est un peu rougeâtre et de la grosseur d'une grosse prune, elle sent un peu la résine, mais elle est saine et rafraîchissante.

Le chayote, qui est le fruit d'une plante grimpante semblable à la citrouille; sa chair se mange cuite à l'eau; son écorce est déjà semblable à la pelote des châtaignes, avec la seule différence qu'elle ne pique pas.

La pitahaya, qui est le fruit d'un arbuste à piquants sans feuilles.

L'ananas, la vanille et le cacao, que tout le monde connaît. — Et une infinité de tubercules dont quelques-uns se mangent crus et d'autres cuits à l'eau.

Et enfin la figue de Barbarie, qui est le fruit d'un cactus : elle est bonne et saine.

Aux productions du pays j'ajouterai le liquide ou vin qu'on tire du maguey, et qu'on appelle *pulque*. Pour l'obtenir, on fait un trou, de la capacité de deux à trois litres, dans la tête de cette plante, qui acquiert une grosseur d'environ un mètre de diamètre ; sa sève s'y ramasse, et tous les jours, pendant plusieurs semaines, on verse ce liquide dans une outre de porc ou de mouton au moyen d'un siphon, et quelques heures suffisent pour lui donner la fermentation nécessaire ; on en fait le même usage que nous faisons du vin et elle produit les mêmes effets ; sa couleur est celle du petit lait.

La feuille de cette plante donne de la filasse dont on se sert comme nous nous servons du chanvre ou du lin.

Le blé et le maïs y sont très-abondants ; la farine du premier est belle et donne d'excellent pain ; mais le Mexicain préfère le maïs cuit en forme de galette, qu'il appelle *tortilla*. Pour les faire, on fait bouillir de l'eau avec une espèce de chaux minérale ; on y jette le maïs et on l'y laisse pendant quelques minutes ; on le retire pour le laver, et l'enveloppe se détache du grain. Les femmes le moulent sur une pierre un peu creuse avec une autre pierre large, en ayant soin d'y jeter assez d'eau pour en faire de la pâte ; une autre femme en prend une petite poignée, l'étend entre ses mains, et la fait cuire sur une espèce de poêle en terre.

Le sapin est le bois dont on se sert pour toutes les constructions, et les menuisiers emploient le cèdre, l'acajou, l'ébène, le mesquite à fruit, le mesquite à gomme, et le même à aloès, le bois de fer, le poivrier rouge, le noyer noir, le noyer jaune, l'olivier, le citronnier, le frêne, et une infinité d'autres superbes bois qu'il serait trop long d'énumérer.

A l'époque où Juarez commença à gouverner, la capitale renfermait cinquante-deux églises, dont treize paroissiales, trente-huit conventuelles et onze collégiales. Les premières et les dernières ont été respectées, mais les secondes ont été vendues. Celle du Sagrario, adjacente à la cathédrale, est la paroisse principale : elle est gothique et d'un fini parfait, et est desservie par trois curés et plusieurs vicaires. Dans aucune, il n'y a ni chaises ni bancs, et les femmes ne peuvent y entrer que tête nue, ou tout au plus couverte du châle ou du rebosso qui couvre les épaules. Il fallut une ordonnance archiépiscopale, provoquée par l'expulsion de l'église de San-José, de madame de C***, femme d'un officier haut placé dans l'armée française, où elle était entrée sans en connaître les usages, pour qu'elles y fussent tolérées, coiffées à la mode française.

Le manque de siéges, l'intolérance, la crainte un peu fondée de quelques mains indiscrètes dans les poches, etc., sont autant de causes qui détournent bien des

Français de fréquenter les églises mexicaines ; mais je suis bien persuadé qu'il en serait autrement s'il y en avait une qui fût desservie par un prêtre français ; pourvu toutefois que celui-ci fût autorisé à y permettre ce qui ne l'est pas dans les autres églises.

Vers la fin de 1866, les troupes françaises, par ordre du maréchal Bazaine, évacuèrent les villes de l'intérieur, et se concentrèrent à Mexico pour de là se diriger sur Vera-Cruz, et les dernières durent quitter la capitale dans la première quinzaine de février suivant. De mon côté, je reçus ordre de me tenir prêt pour le 4, et deux mules furent mises à ma disposition pour le transport de mes bagages.

Le 2 février, trois lettres me furent remises en même temps, dont l'une, de S. Exc. le ministre de France, me donnant avis que la commission mixte avait fait droit à ma réclamation ; l'autre, de l'archevêché, m'envoyant de bons certificats, et enfin l'autre, de M. l'abbé Testory, aumônier en chef du corps expéditionnaire, m'annonçant que, sur sa présentation, le maréchal m'avait nommé chevalier de la Légion d'honneur (1).

---

(1) Mexico, 1er février 1867.

Monsieur l'aumônier,

J'ai l'honneur de vous annoncer que Son Excellence M. le maréchal commandant en chef le corps expéditionnaire du

Dans l'après-midi du 4, je quittais donc, non sans regret, cette ville pour me diriger sur *Ixtapalapa*, qui n'est qu'à douze kilomètres de là. Nous y passâmes la nuit dans le cimetière, faute de mieux ; de mon côté je dus la passer sur une pierre tumulaire, à côté de l'église. Cette belle localité, qui, du temps de Hernan Cortès, renfermait une population d'environ cinquante mille individus, n'en renferme pas aujourd'hui plus de deux mille cinq cents.

Ce fut en ce même lieu que, dans le mois de juin 1521, ledit Hernan Cortès construisit des navires, et s'y embarqua pour aller attaquer la ville de Mexico, qui était alors bâtie dans l'eau qui couvrait toute la plaine, sur une île faite de main d'homme. Aujourd'hui, presque toute la vallée est à sec ; néamoins, il est arrivé que, se re couvrant par suite de grandes pluies, les rues et les rez-de-chaussées l'ont vue monter jusqu'à trois mètres d'élévation, ce qui occasionna de grandes mortalités.

Mexique, par décret en date de ce jour, vous a nommé *chevalier de la Légion d'honneur.*

Je suis heureux que Votre Excellence vous ait donné cette décoration, que vous avez si bien gagnée par votre zèle, votre dévouement, votre conduite exemplaire.

Je vous en félicite de tout mon cœur, et vous envoie le brevet provisoire signé par Son Excellence.

Recevez, je vous prie, monsieur l'aumônier, l'assurance de mes sentiments les plus dévoués et les plus affectueux.

Signé : *L'aumônier en chef,*
L. TESTORY.

L'étape du lendemain, jusqu'à *Ayotta*, ne fut que d'environ six lieues, mais très-pénibles à cause des accablantes chaleurs et de la poussière qui nous aveuglait; le soir, nous dûmes encore camper dans le cimetière pour la même raison que la veille.

Le bruit courut en ville que nos zouaves avec les turcos avaient mangé deux enfants, ce qui détermina le sacristain à venir me réveiller à deux heures du matin, pour m'en informer et m'en adresser de vifs reproches: j'eus toutes les peines du monde à le persuader du contraire. Je ne m'en épouvantai pas, car je savais que de pareils reproches avaient été adressés, quelque temps auparavant, à quelques-uns de mes confrères qui, comme moi au sacristain, eurent de la peine à leur faire comprendre que ce bruit était dénué de fondement et absurde.

Le trajet de la journée du 6 fut long et pénible, à cause des montagnes que nous eûmes à passer. Le soir nous nous arrêtâmes dans un petit village situé dans une gorge appelée *Rio-Frio*, où coule une petite rivière dont les eaux sont excessivement froides.

Le lendemain, nous partîmes de bon matin et fîmes deux lieues à pied, afin de nous réchauffer; le soir nous passâmes la nuit dans une belle petite ville appelée San-Martin, où nous fûmes bien reçus et logés. Il n'en fut pas de même, le 8, à *Puebla*, où nous demeurâmes quatre jours couchés à la belle étoile.

Cette dernière, qui est à trente lieues de Mexico, est belle, riche, manufacturière, et une des plus considérables du Mexique ; sa population ne dépasse cependant pas cent trente mille habitants. Sa cathédrale, où fut enterré le brave général de Laumière, est grande, belle, et l'une des plus riches églises de l'*Anahuac*.

Le 11, nous reprîmes notre route et allâmes passer la nuit à *Amotzoc ;* puis, le 12, à *Acacingo*, le 13, à *Agua-quecholac*, le 14, à *San-Augustin* d. p , le 15, à *Aculzingo* et, le 16, nous arrivâmes à *Orizava*.

Rien de notable ne signale ce trajet de trente-cinq lieues, si ce n'est un malentendu de mon ordonnance qui alla de l'avant au lieu de s'arrêter à un endroit que je lui avais désigné ; ce qui, me faisant supposer que quelque chose de fâcheux lui était arrivé en chemin, m'obligea à retourner sur mes pas et d'aller ensuite tout seul ; mais, enfin, après une marche précipitée d'environ dix-huit lieues à travers les deux cumbrés et autres points non moins dangereux pour le voyageur, j'arrivai le soir à *Orizava*, où je le rencontrai fort en peine de moi.

Entre Puebla et le pied des dernières cumbrés, le sol est sec et par suite peu fertile, mais à partir de ce point, jusqu'à la rivière de l'Atoyac, c'est un vrai paradis terrestre, produisant toutes les denrées coloniales et deux moissons par an. N'y faisant pas le moindre froid, les arbres sont toujours couverts de fleurs et en même temps chargés de fruits, dont les uns verts et les autres mûrs.

La ville d'Orizava est belle, riche et traversée par une rivière, dont la source se trouve au pied du pic du même nom, qui, après avoir fertilisé ses champs riverains, fait tourner des moulins pour moudre les riches blés qu'elle a fait produire. C'est là que Maximilien, un peu trop Mexicain et pas assez Français, alla passer trois mois pour attendre sa chère épouse qui, hélas ! ne devait plus revenir, et lui-même, poursuivi par la fatalité, ne devait quitter ce beau séjour que pour courir à sa perdition.

Le 17, nous nous remîmes en route et, vers dix heures, nous fîmes halte sur une élévation appelée le *Fortin*, pour prendre un peu de repos et préparer notre déjeuner. Je pris le mien devant un chalet à l'ombre d'un bananier et d'un melonier, tous chargés de fruits.

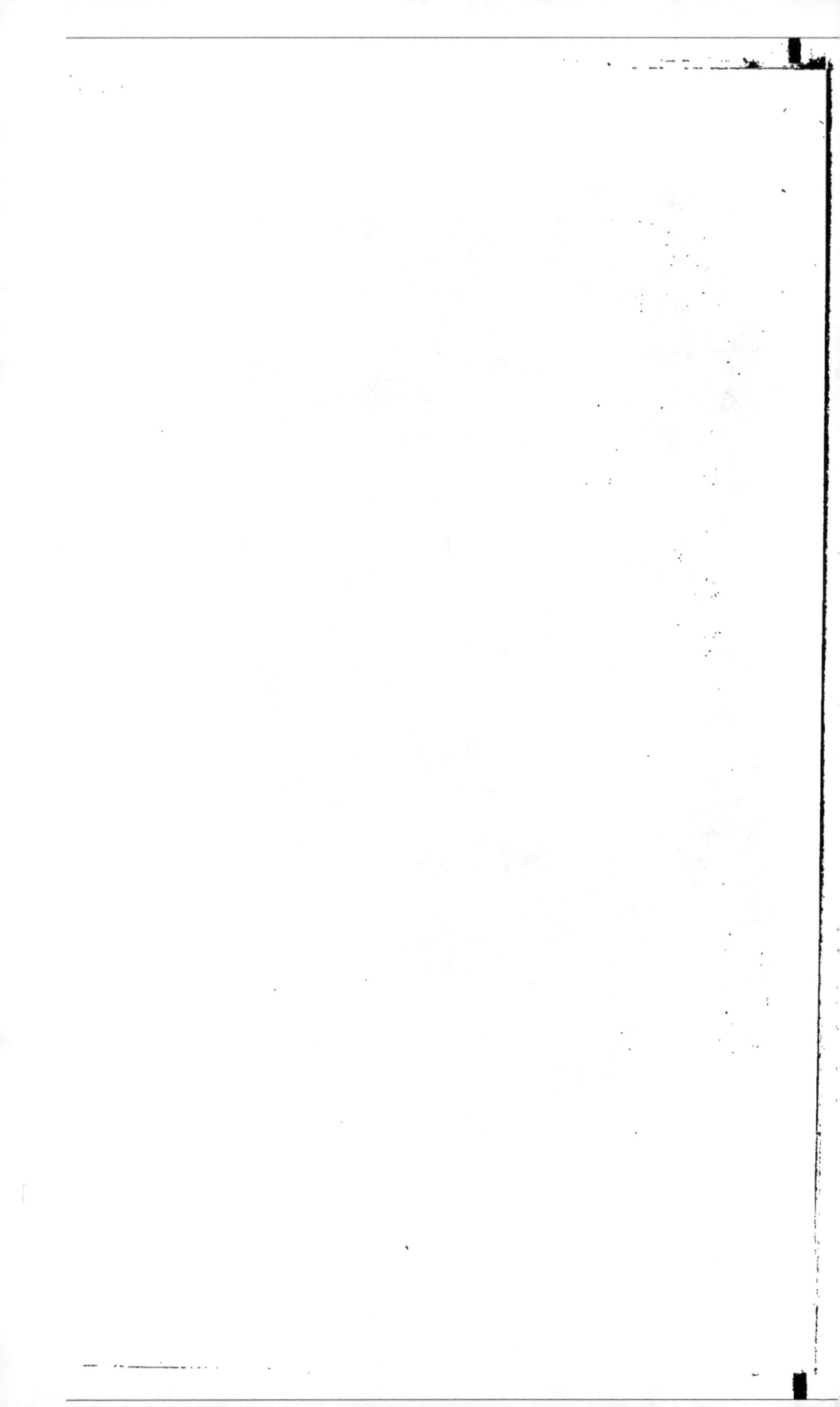

Après une heure de repos, nous continuâmes notre route et fûmes passer la nuit à *Cordoba ;* et le lendemain nous arrivâmes à *Paso-del-Marcho,* où nous eûmes à passer huit jours, presque sans eau et sous un soleil brûlant ; mais y ayant rencontré un bon confrère, M. l'abbé Lanusse, une tente fut mise à ma disposition, où je pus au moins passer les nuits. Il eût été imprudent, à cause des chaleurs, d'y demeurer pendant le jour.

Ce village est à 13 lieues d'Orizava et à 20 de Vera-Cruz, sur un sol très-pauvre, mais le chemin de fer y passant lui donne un peu d'animation.

Le 28, nous prîmes le train et, après avoir franchi en cinq heures l'espace que nous aurions dû franchir en deux, nous arrivâmes à Vera-Cruz, où il nous fallut encore passer huit jours, à cause du vent du Nord.

Vera-Cruz, dont la population ne dépasse pas douze mille âmes, n'est qu'une rade souvent inaccessible. Ses alentours sont couverts de sable d'un côté et d'eaux stagnantes de l'autre, et celles-ci pourraient bien être en partie la cause du vomito noir qui y fait souvent des ravages et de ce malaise continuel qui donne un teint jaune à ceux même qui n'en sont pas atteints. Nous n'y séjournâmes que huit jours, cependant nous y perdîmes trois hommes, dont un docteur. Ce serait bien pire encore si le nettoyage des rues et des bords de la mer était, comme partout ailleurs, laissé au soin des habitants :

mais la Providence y a pourvu en en confiant le soin à des nettoyeurs ailés.

En effet, les *zopilotes* font ce travail, et ils sont si nombreux que les maisons de cette ville en sont couvertes. Aussitôt qu'ils s'aperçoivent qu'il y a à faire, ils s'en acquittent diligemment ; aussi est-il défendu de leur faire la chasse ; défense dont ils paraissent avoir connaissance, car ils courent dans les rues, et vont jusque sur le seuil des portes pour réclamer ce qui leur appartient.

Enfin, le 8 mars, la *Cérès* fut abordable et elle leva l'ancre en emportant mille hommes de l'armée, sans compter ceux de son bord qui étaient plus de cent.

Nous perdîmes bientôt de vue la rade que nous venions de quitter, mais nous vîmes encore longtemps le haut pic d'Orizava, à cause de la neige dont il est toujours couvert.

Les chaleurs étouffantes du golfe ne tardèrent pas à déterminer à bord un cas de vomito, et le malheureux qui en fut atteint succomba bientôt. Plus tard, pendant la traversée, nous eûmes quatre autres morts, mais de toute autre maladie que du vomito.

Peu de jours suffirent pour sortir de ce golfe si chaud. Nous arrivâmes à la hauteur du canal qui sépare l'île de Cuba de la pointe de la Floride, où nous aperçûmes plusieurs phares. A peine en étions-nous sortis, qu'un gros vent nous assaillit et nous poussa presque à la hauteur de New-York. Pendant trois jours, la tempête faillit nous engloutir vis-à-vis du cap *Halleras*, où pendant deux jours entiers, il fut impossible aux cuisiniers de préparer la moindre chose à manger. Presque toute notre provision de bœufs mourut de fatigue ou de privations, ou assommés les uns contre les autres, et, par suite de cette mortalité, nous nous vîmes souvent privés de viandes fraîches pendant la traversée; mais, en compensation, nous avions tantôt du porc et tantôt du cochon salé, et des conserves apportées de France.

Pour suppléer à ce défaut imprévu et accidentel, notre commandant voulait relâcher aux îles Açores, mais un autre coup de vent nous en ayant éloignés, nous dûmes nous résigner et attendre un autre port plus favorable.

Le 13 avril nous arrivâmes en vue du cap de Saint-Vincent, c'est-à-dire à l'extrémité du Portugal, et le lendemain nous étions en face du fort de Trafalgar, devant lequel les Français furent battus en 1805 par l'amiral Nelson. Quelques heures plus tard, nous entrions dans le détroit de Gibraltar, où notre vue se portait alternative-ment du côté de l'Afrique sur Ceuta, dans le royaume de Maroc; et du côté de l'Europe sur plusieurs villes qui sont tout autour de la grandiose baie de Gibraltar, dans laquelle nous jetâmes l'ancre le même jour pour y renouveler notre approvisionnement. Nous aurions beaucoup voulu aller visiter la ville anglaise, mais ce ne nous fut pas permis, pour la raison que nous avions eu un cas de vomite à bord ; ce qui fit aussi que les fournisseurs se tinrent à distance de nous et ne reçurent nos lettres et notre argent qu'au bout d'un long bâton et ne les touchaient qu'après les avoir bien purifiés par un bain de mer.

Le 16, nous reprîmes notre route en longeant la côte d'Espagne, ainsi, nous passâmes devant Malaga, Alméria, le cap Gato, Carthagène, le cap Palos, Alicante, le cap Saint-Martin, et devant Valencia que nous laissâmes à gauche des îles Baléares et de Columbrètes que nous laisâmes à notre droite, tandis que nous avancions rapidement vers la fin de notre navigation

Enfin, le jour de Pâques, 21 avril, après une messe célébrée à bord par M. l'abbé Testory, à laquelle tous les passagers assistèrent avec recueillement, nous arrivâmes tous en bonne santé devant Toulon, pour aller passer quatre jours au lazaret de Saint-Mandrier, d'où nous pûmes sortir le 25.

Inutile de dire que ma joie fut grande en me voyant, après dix-sept ans d'absence, sur le sol qui, le 28 novembre 1805, m'avait vu naître, où j'avais des parents et des amis qui m'attendaient avec empressement et qu'il me tardait d'embrasser.

A peu de temps après mon arrivée à Paris, je me présentai aux autorités compétentes, dans l'espoir d'être

maintenu dans la charge que m'avaient confiée S. Exc.
le maréchal Bazaine et M. l'aumônier en chef, auxquels
mon administration avait plu, puisqu'ils voulurent bien
me porter pour la croix d'honneur, de préférence à plusieurs de mes confrères qui, sans doute, comme moi,
avaient exactement rempli leur devoir; mais l'armée de
terre n'ayant pas en France des aumôniers exclusivement
attachés à ses régiments, je dus, ou attendre une meil-
leure occasion, ou solliciter tout autre emploi.

Je termine en disant que j'ai parcouru près de quatorze mille lieues au milieu de mille incidents, mais sans
éprouver d'autres désagréments sérieux que ceux qui
sont, pour ainsi dire, inséparables de la vie du voyageur
au long cours. Que trois fois j'ai possédé, et, qu'autant
de fois, tout m'a été enlevé, soit par le feu, soit par des
révolutionnaires. Que si, maintenant, par suite de longues
privations, de peines physiques et morales, de continuelles
fatigues, d'une infinité de nuits passées à la belle étoile,
j'éprouve quelques douleurs, suis, par suite de celles-ci,
comme les invalides, condamné au repos et à l'oubli
avec peu de fortune, du moins ai-je la satisfaction d'avoir
passé en faisant le bien, et l'espoir de n'être jamais à
charge à personne. D'avoir, dans mes excursions, soulagé
bien des malheureux, sauvé la vie à quatre personnes,
préparé, à Mexico, pour la première communion, en trois
temps différents, les enfants des Français et autres Euro-

péens, contrairement à l'usage établi en ce pays, où ils sont admis à la faire à l'âge de sept à huit ans : usage auquel les Européens ne peuvent pas s'habituer. Et enfin, d'avoir rempli mon devoir à l'égard de ceux dont j'ai été chargé.

FIN.

TABLE

—

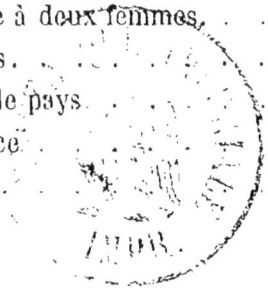